MARCO SELIGER

DAS AFGHANISTAN DESASTER

WARUM WIR AM HINDUKUSCH GESCHEITERT SIND

MIT FOTOS VON
JONAS RATERMANN

Ein Gesamtverzeichnis der lieferbaren Titel schicken wir Ihnen gerne zu.
Bitte senden Sie eine E-Mail mit Ihrer Adresse an: vertrieb@mittler-books.de
Sie finden uns auch im Internet unter: www.mittler-books.de

Bibliografische Information der Deutschen Nationalbibliothek
Die Deutsche Nationalbibliothek verzeichnet diese Publikation in der Deutschen Nationalbibliografie; detaillierte bibliografische Daten sind im Internet über https://portal.dnb.de abrufbar.

ISBN 978-3-8132-1116-0

Fotografie: Jonas Ratermann
Lektorat: Kai-Axel Aanderud
Druck und Bindung: Plump Druck & Medien GmbH,
Rolandsecker Weg 33, 53619 Rheinbreitbach

Gewidmet allen
Menschen, die ich in den 20
Jahren Afghanistan-Krieg
kennengelernt, geliebt, gewonnen
und verloren habe, ganz
besonders meinen Kindern.
Sie sind mein Glück.

***Kabul**, startendes Flugzeug, Erinnerung an den schrecklichen 17. August 2021*

AFGHANISTAN

Standort der Bundeswehr

INHALT

DIE FOTOS IN DIESEM BUCH ENTSTANDEN ALLESAMT WÄHREND EINER REISE NACH AFGHANISTAN IM AUGUST 2016.

Kabul, *Fesselballon mit Beobachtungs-kameras an Bord*

PROLOG

Friedhof der Imperien.
Korridor der Mächte.
Das ist Afghanistan.

Friedhof der Imperien. Korridor der Mächte. Das ist Afghanistan. Ein Pufferstaat zwischen Iran, Indien und China, zwischen Zentralasien und Indischem Ozean. Hartnäckig haben die Völker Afghanistans ihre Identität und Kultur gegen mächtige Nachbarn und durch die Wirren der Zeit bewahrt. Unterwürfigkeit gegenüber einer fremden Macht ist ihnen unbekannt, auch wenn ihr Land zwischen den Volksgruppen geteilt ist und sie selten einig sind.

Die afghanischen Völker leben im Hochland, in Steppen und Wüsten. Sie sind unbeugsam, kriegerisch und hart wie die Natur, in der sie sich behaupten müssen. Die Winter sind rau und kalt, die Sommer glühend heiß. Hier überlebt nur, wer stark ist. „Die Afghanen sind ein tapferes, zähes und freiheitsliebendes Volk", schrieb Friedrich Engels 1857 über die Afghanen. „Nur ihr Hass auf jede Herrschaft und ihre Vorliebe für persönliche Unabhängigkeit verhindern, dass sie eine mächtige Nation werden."

Ihre Höfe gleichen Festungen, vier Meter hohe fensterlose Mauern, an der Ecke ein Wachturm, am Eingang ein Eisentor, mehrere dieser Behausungen hinter- und nebeneinander bilden ein Dorf. Der mächtige, in Afghanistan bis zu 5.000 Meter hohe Hindukusch durchschneidet das Land, südlich des Gebirges leben die indogermanischen Paschtunen sunnitischen Glaubens, überwiegend nördlich siedeln turko-mongolische und tatarische Stämme. Die Paschtunen stellen mit rund 15 Millionen Menschen etwa 42 Prozent der Landesbevölkerung und damit von jeher den größten Teil der Bewohner. Ihre Stämme sind herrisch und kriegerisch, jede zentrale Autorität lehnen sie ab. Die Loyalität der Paschtunen gehört der Familie, dem Clan, dem Unterstamm, dem Stamm. Zwei Stammesverbände ragten stets heraus: die Durrani und die Ghilzai. Sie haben einander immer schon bekämpft. Ohne ihre Zustimmung kann sich keine Macht lange in Kabul halten.

Afghanistan befindet sich noch immer im Übergang von einer feudalen Stammesgesellschaft zu einer Nation. Das erschwert es, eine zentrale Macht, gar einen modernen Zentralstaat zu errichten. Es gibt kaum eine Gesellschaft, die so konfliktgeladen ist wie die afghanische. Ein Rechts- und Ehrenkodex, der „Paschtunwali", schreibt dem Paschtunen vor, wie er sich im Konflikt zu verhalten hat: Er muss Badal üben, Vergeltung. Blutrache. Macht er das nicht, entehrt er sich und seine Familie. Zum Ehrenkodex gehört auch die Gastfreundschaft. Es zählt zu den Pflichten eines Paschtunen, selbst seinen Todfeind zu beherbergen, falls dieser um Asyl bittet.

Doch so zerstritten sie meist sind, so einig waren sie stets, wenn es um ihre Unabhängigkeit ging. Invasoren haben das über die Jahrhunderte hinweg immer wieder zu spüren bekommen. 1842 erlebten die Briten auf ihrem Rückzug aus Kabul ein Fiasko, als kaum zwei Handvoll Soldaten in Indien ankamen. Noch schlimmer traf es die Sowjetunion, die nicht zuletzt an den Folgen ihres zehnjährigen Krieges in Afghanistan zerbrach. Es begann mit einigen in der Sowjetunion ausgebildeten afghanischen Offizieren, die Ende der 1970er-Jahre ein kommunistisches Regime in Kabul errichtet hatten. Im ganzen Land regte sich Widerstand, sodass die Sowjets um die ihr ergebene Führung in Afghanistan fürchteten. Doch die Risiken eines Militäreinsatzes in Afghanistan waren ihnen zu groß. Die Führung der Roten Armee wusste, dass ihre konventionellen, für den Krieg gegen einen gleichartigen Gegner in Europa aufgestellten Streitkräfte ungeeignet waren für den Kampf gegen Partisanen. Sie wollte daher nur die Städte und wichtigsten Straßen des Landes sichern, den Kampf gegen die Rebellen sollte dagegen die afghanische Armee führen.

Es war ein blauäugiger Plan. Die Mudschaheddin, unterstützt von Pakistan, Saudi-Arabien und den Vereinigten Staaten, zwangen den Sowjets einen blutigen, von beiden Seiten mit grausamer Härte geführten Krieg auf. Der Einsatz von Kampfflugzeugen, Hubschraubern und Luftlandetruppen nützte nichts, die Rote Armee kam nicht voran. In der Hochzeit des Krieges standen 110.000 sowjetische Soldaten im Land, und doch reichten sie nicht aus, um erobertes Gebiet zu halten. Millionen Afghanen flüchteten vor der Gewalt nach Pakistan, für die Mudschaheddin wurden die Flüchtlingslager zum unerschöpflichen Reservoir im Partisanenkrieg. Am 15. Februar 1989 verließ die Sowjetarmee offiziell Afghanistan, auf dem Gefechtsfeld unbesiegt, aber strategisch geschlagen. Dieser Krieg sollte sich als entscheidender Dominostein auf dem Weg zum Ende des Sowjetreichs erweisen.

Gut drei Dekaden später, im Sommer 2021, erlitten die Amerikaner und deren Verbündete das gleiche Schicksal. Sie wiederholten wesentliche Fehler der Sowjets, als hätten sie nichts aus der Geschichte gelernt. Das politische Ziel des Westens, Demokratie in Afghanistan zu etablieren, war ebenso unrealistisch wie das einstige sowjetische Vorhaben, am Hindukusch den Kommunismus einzuführen. Der Westen verkannte, wie bedeutend Kultur und Religion für die Afghanen sind, vor allem in den ländlichen Gebieten. Fragte man die afghanische Bevölkerung nach ihren Wünschen, war Demokratie meist nicht dabei. Ein Konflikt mit im Volk verwurzelten Aufständischen aber muss scheitern. Besonders dann, wenn die Truppen in weiten Teilen des Landes nicht präsent sind. Um diese Schwäche auszugleichen, setzten die Amerikaner wie einst die Sowjets auf ihre Luftwaffe. Angesichts der zahlreichen zivilen Opfer wurden die westlichen Soldaten von Befreiern zu Besatzern.

Eine weitere Gemeinsamkeit zwischen sowjetischer und westlicher Intervention: Je länger der Krieg dauerte und je mehr Opfer er forderte, desto weniger wurde er im eigenen Land unterstützt. Der sowjetische Krieg kostete bis zu 1,5 Millionen Afghanen und 15.000 Sowjetsoldaten das Leben. In den 20 Jahren der westlichen Intervention starben nach Angaben der UN-Mission in Afghanistan etwa 50.000 Zivilisten, die meisten davon waren Opfer der Taliban oder anderer Terror-Gruppen. Die Anzahl getöteter afghanischer Sicherheitskräfte und Taliban ist unbekannt, nicht verwunderlich in einem Land mit wechselnden Kriegsakteuren und Allianzen, ohne effektive Kontrolle der nationalen und regionalen Regierungen. Das schwedische „Uppsala Conflict Data Program" hat sich an einer Bilanz versucht: Demnach entfielen von etwa 240.000 Kriegstoten 120.000 auf die Taliban, 70.000 auf Armee und Polizei, 50.000 auf die Zivilbevölkerung. Hinzu kommen 3.590 Gefallene der westlichen Koalition, etwas mehr als zwei Drittel davon Amerikaner. Die Zahl der Verletzten auf allen Seiten beträgt ein Vielfaches.

Es gibt eine weitere Parallele zwischen Sowjetinvasion und westlichem Einsatz: Während ihrer Besatzung schickten die Sowjets Tausende von Beratern nach Afghanistan und platzierten sie in den Streitkräften, in der Polizei, in Verwaltung und Wirtschaft. Amerikaner und Europäer übernahmen dieses Vorgehen. Wie die Sowjets wollten auch sie afghanische Sicherheitskräfte aufbauen, um sie gegen die Aufständischen kämpfen zu lassen. Afghanen sollten gegen Afghanen kämpfen. Doch der Plan scheiterte. Soldaten und Polizisten desertierten zu Tausenden oder liefen zu den Taliban über.

Der Abzug der Sowjetarmee im Februar 1989 führte nicht direkt zum Zusammenbruch des Regimes in Kabul. Präsident Mohammed Najibullah bot den Mudschaheddin mehrfach die Versöhnung an, so wie es Jahre später auch Präsident Hamid Karzai und sein Nachfolger Aschraf Ghani gegenüber den Taliban tun sollten. Doch für die Mudschaheddin blieb Najibullah ein Repräsentant des Kommunismus wie Karzai und Ghani für die Taliban Marionetten des Westens waren. Die Sowjetunion, mit den weltpolitischen Umwälzungen und ihrem eigenen Zusammenbruch beschäftigt, ließ ihren Statthalter in Kabul im Stich. Daraufhin zeigten auch die Amerikaner und die meisten westlichen Länder kein Interesse mehr an den Entwicklungen am Hindukusch. Milizen, die das kommunistische Regime in Kabul bis dahin unterstützt hatten, liefen zu den Mudschaheddin über. Den Kriegsgewinnern fiel das Land wie eine reife Frucht in den Schoß. Eine Strategie zur politischen Neugestaltung des Landes hatten sie nicht. Alles, was sie konnten, war Krieg zu führen.

Im April 1992 nahm der tadschikische Kommandant Ahmed Schah Massud mit einer Militärkoalition kampflos Kabul ein. Für die Paschtunen, 250 Jahre lang Herrscher über Afghanistan, war das nicht hinnehmbar. Zwei Jahre lang belagerte der paschtunische Islamist Gulbuddin Hekmatyar daraufhin die Stadt. Bis zu 80.000 Einwohner starben, große Teile Kabuls wurden zerstört. Afghanistan zerfiel in die Einflussbereiche verschiedener Kommandeure. Wieder flüchteten hunderttausende Menschen, diesmal vor den raubenden, mordenden, plündernden und vergewaltigenden Milizen im ganzen Land. Die Gewalt der Bürgerkriegsjahre zerstörte das innere Gefüge Afghanistans stärker als die sowjetische Invasion. Das Morden und Sterben gehörte zum Alltag, die Menschen stumpften ab und entwickelten eine gefühllose Brutalität und Kälte, die westliche Soldaten später noch erleben sollten.

Im Norden regierte der Usbeke Rashid Dostum, im Nordosten der Tadschike Massud, im Süden und Südosten herrschten paschtunische Koalitionen, im Westen der Tadschike Ismael Khan. Jede Gruppierung erhielt politische, finanzielle und materielle Unterstützung aus dem benachbarten Ausland. Mitte der 1990er-Jahre wollte Pakistan das Chaos in seiner Nachbarschaft beenden, um die pakistanischen Truppen im Falle eines Krieges mit dem Erzfeind Indien bis nach Afghanistan hinein zurückziehen zu können. Dazu brauchte Pakistan Ruhe und Ordnung im Nachbarland. Hierfür sollte eine neue Macht sorgen: die Taliban. Sie kamen aus den Flüchtlingslagern. Talib bedeutet Sucher des religiösen Wissens. Der pakistanische Geheimdienst ließ Tausende junger Männer an Koranschulen in Religion und Militärhandwerk ausbilden. Die kriegsmüden Afghanen begrüßten die Taliban als unabhängige Ordnungsmacht, Mudschaheddin-Einheiten liefen in großer Anzahl zu ihnen über. Doch das böse Erwachen kam schnell, die Taliban waren von religiösen Fanatikern beherrscht. Sie gingen nicht weniger grausam vor als zuvor ihre Gegner. Sie hackten

Dieben die Hände ab und steinigten Ehebrecher. Einerseits brachten sie Frieden, Scharia-Recht und Sicherheit, andererseits verboten sie Musik, Sport, Bilder, Kino und Fernsehen. Mädchen durften nicht mehr in die Schule gehen, die meisten Universitäten mussten schließen. Im ganzen Land grassierte der Hunger. Bis auf Pakistan, Saudi-Arabien und die Vereinigten Arabischen Emirate erkannte kein Staat der Welt die Taliban-Regierung an.

Das finstere Geschehen in Afghanistan spielte sich im Schatten der weltpolitischen Umwälzungen ab. Dennoch entging es den westlichen Regierungen nicht, dass der saudische Millionär Osama bin Laden am Hindukusch, von den Taliban geduldet, terroristische Ausbildungslager errichten ließ. Sie unterschätzten die Gefahr. Am 7. Oktober 2001, knapp einen Monat nach den Terroranschlägen vom 11. September, schlugen die ersten US-Raketen in den Stellungen der Taliban ein. Es begann der längste Krieg in der US-amerikanischen Geschichte – und damit auch der Bundesrepublik Deutschland. Er endete am 31. August 2021, als sich die Heckklappe eines US-amerikanischen Transportflugzeugs schloss, die letzten US-Soldaten an Bord. Damit endete eine chaotische, demütigende Evakuierungsoperation, um westliche Staatsangehörige und afghanische Helfer vor den Taliban zu retten. Zuvor waren die deutschen Soldaten abgezogen, an Bord des Flugzeugs auch Angehörige des Kommando Spezialkräfte, der Elitetruppe der Bundeswehr. Sie waren die Letzten, die Afghanistan verließen, so wie sie gut 20 Jahre zuvor die Ersten gewesen sind, die in dieses Land gekommen waren. Am 1. November 2001, gut anderthalb Monate nach dem 11. September, hatten US-Flugzeuge die KSK-Soldaten gemeinsam mit US-amerikanischen

Eliteeinheiten in der Wüste südlich von Kandahar abgesetzt. Das Ziel ihres Einsatzes, ihr konkreter Auftrag blieb unklar. Schließlich bewachten sie Gefangene.

Solidarität mit den USA war der einzige Grund, aus dem Deutschland Ende 2001 die ersten Soldaten nach Afghanistan schickte. Gut 150.000 deutsche Soldaten sind ihnen gefolgt. Nach Zweitem Weltkrieg, Wiederaufbau mit Marshall-Plan und tatkräftiger Unterstützung bei der Wiedervereinigung am 3. Oktober 1990 stand Deutschland tief in der Schuld der Amerikaner. Mitgehangen, mitgefangen: Denn während die Amerikaner die Hintermänner der Terroranschläge jagen und ergreifen wollten, nahmen sich die Deutschen vor, Afghanistan zu einem modernen Staat umzubauen. Deutschland war irgendwie dabei, zunächst, um die Regierung von Präsident Hamid Karzai in Kabul zu schützen. Doch Deutschland blieb, auch, als aus dem humanitären Einsatz ein Krieg geworden war. Im Laufe der Jahre konnte die Bundesregierung immer weniger den Sinn der Mission am Hindukusch erklären. In Deutschland verstand kaum noch jemand, inwieweit der Einsatz den Sicherheitsinteressen der Bundesrepublik diente.

Die Bundeswehr stand in Afghanistan auf verlorenem Posten, gezwungen, einen Krieg zu führen, den Bevölkerung und Regierung nicht wollten. Unzählige Soldaten kehrten kriegsversehrt aus Afghanistan zurück, leer, unruhig, unverstanden. Frauen und Männer empfanden eine riesige Kluft zwischen sich selbst und der Gesellschaft, aus der sie kamen. „Mit einer solchen Eskalation der Gewalt in Afghanistan habe ich nicht gerechnet", räumte Peter Struck kurz nach seinem Ausstieg aus der Politik im Jahr 2011 ein. Von 2002 bis 2005 war er in der

Regierung von Gerhard Schröder Verteidigungsminister gewesen.

Eine Ständerepublik, ein armes, unterentwickeltes Herrschaftsgebilde lokaler Fürsten, das war Afghanistan vor der westlichen Intervention, und das ist es auch heute noch. Ein von Glaubensfanatikern beherrschtes Land ohne Grundrechte für Frauen, ohne weltliche Gerichte, ein Regime von Islamisten, die sich Taliban – Koranschüler – nennen, das war Afghanistan vor der westlichen Intervention, und das ist es heute wieder.

Zwischendurch hat die Nato versucht, eine Guerillabewegung in Schach zu halten. Die Staaten der Welt haben hunderte Milliarden nach Afghanistan transferiert, um dem Land auf die Beine zu helfen. Und die USA haben mehr als eine Billion Dollar ausgegeben, um bis zu 100.000 Soldaten in den Kampf zu schicken. Der Einsatz deutscher Soldaten und Entwicklungshelfer kostete 17,3 Milliarden Euro, sagt die Bundesregierung.

Der Kampf gegen al-Qaida war ein starkes Motiv für den Einsatz, der Umbau Afghanistans zu einem modernen Staat ein hehres Ziel des Westens, die Entsendung hunderttausender Soldaten ein entschlossenes Zeichen der Nato. Die Bereitschaft, Milliarden zu investieren, war die konsequente Folge einer Politik, in der sich die westliche Welt für Afghanistan verantwortlich fühlte. Die Rückkehr der Taliban konnte diese Politik nicht aufhalten.

Als der Westen nach Afghanistan kam, befreite er das Land von den Taliban. Als er Afghanistan verließ, waren die Taliban zurück an der Macht. Was ist da passiert?

2001

Eine Welt aus Gut und Böse

Kabul, Hochzeitshalle, das Werbeplakat davor war für die Taliban schon damals Sünde

Am 16. November 2001 tritt Bundeskanzler Gerhard Schröder vor den Deutschen Bundestag: „Es gibt Situationen, in denen eine von allen gewollte politische Lösung militärisch vorbereitet, erzwungen und schließlich auch durchgesetzt werden muss." Breite Zustimmung im deutschen Parlament, fast alle Abgeordnete applaudieren. Schröder fährt fort: „Der Kampf gegen den Terror wird lange dauern, und er wird uns einen langen Atem abverlangen. Schnelle Erfolge sind keineswegs garantiert. Doch ist der Kampf zu gewinnen, und wir werden ihn gewinnen." Jetzt applaudieren nur noch Sozialdemokraten und Grüne. „Erstmals zwingt uns die Situation, zwingt uns die Kriegserklärung durch den Terrorismus dazu, Bundeswehreinheiten für einen Kampfeinsatz außerhalb des Nato-Vertragsgebiets bereitzustellen." Kampfeinsatz sagt der Kanzler. Dennoch Beifall bei SPD und Grünen.

Und dann folgt Schröders Begründung für die Entsendung deutscher Soldaten nach Afghanistan. Sie wird bei allen Fragen, die in den folgenden Jahren nach dem Sinn des Einsatzes am Hindukusch gestellt werden, nie wieder angeführt: „Wir erfüllen damit die Erwartungen unserer Partner, und wir leisten das, was uns objektiv möglich ist und was politisch verantwortet werden kann. Aber mehr noch: Durch diesen Beitrag kommt das vereinte und souveräne Deutschland seiner gewachsenen Verantwortung in der Welt nach. Wir müssen erkennen: Nach den epochalen Veränderungen seit dem Herbst 1989 hat Deutschland seine volle Souveränität zurückgewonnen. Es hat damit aber auch neue Pflichten übernommen, an die uns die Verbündeten erinnern. Wir haben kein Recht, darüber Klage zu führen. Wir sollten vielmehr damit zufrieden sein, dass wir seit den epochalen Veränderungen 1989 gleichberechtigte Partner in der Staatengemeinschaft sind."

Wir können uns dem weltweiten Kampf gegen den Terrorismus nicht entziehen. Das ist es, was Schröder mit seinen Sätzen ausdrücken will. Nicht die USA, nicht der Westen ist der Aggressor, sondern der Islamismus. Er attackiert jenen Teil der Welt, in dem sich die Menschen für Freiheit, Demokratie und Marktwirtschaft entschieden haben. Doch es gibt einen zweiten Grund, warum Deutschland in den Krieg zieht, und der lässt Schröder keine Wahl: „Wer nicht für uns ist, ist gegen uns", hatte US-Präsident George W. Bush kurz nach „9/11" gesagt. Gut gegen Böse. Deutschland als Teil der „freien Welt" will, ja muss für Amerika sein.

Schröder erklärt den USA die uneingeschränkte Solidarität. Es ist der Preis für die jahrzehntelange Solidarität der Amerikaner mit Deutschland. „Uneingeschränkte Solidarität", bald schon ist Schröder in dieser Diktion gefangen. „Hätte er mal besser die Schnauze gehalten", wird drei Monate später ein Feldwebel der Bundeswehr in Kabul sagen. „Hätte er mal besser die Schnauze gehalten", werden über 20 Jahre lang die Soldaten in Kundus, Mazăr-i Scharif, Kabul, Taloqan und Faizabad fluchen.

Im November und Dezember 2001 beschließt der Bundestag, Soldaten nach Afghanistan zu schicken. Von Beginn an tun sich die Abgeordneten schwer damit. Deutschland will nicht Krieg führen. Im Krieg geht es um Sterben und Verstümmelung von Menschen. Daran sollen und wollen Deutsche nie wieder beteiligt sein. Anfangs gibt es zwei Missionen, sie ver-

Kabul, *Straßenhändler mit Karren voller Äpfel und Trauben*

laufen parallel. Der Jagd nach Osama bin Laden und dessen Helfern geben die Amerikaner das Label „Enduring Freedom“. Deutschland schickt einige Jahre lang ein paar Dutzend Elitesoldaten des Kommandos Spezialkräfte (KSK) in die Mission. Schon bald häufen sich Berichte über amerikanische Kriegsverbrechen, über Foltergefängnisse in aller Welt und illegale Internierungen in Guantanamo. Der Bundesregierung fällt es zusehends schwerer, Jahr für Jahr eine parlamentarische Mehrheit für „Enduring Freedom“ zu finden.

Die zweite Mission ist dagegen unstrittig. Der Einsatz der von den Vereinten Nationen abgesegneten Internationalen Sicherheitsunterstützungstruppe (ISAF) soll „die afghanischen Behörden unterstützen, Sicherheit zu gewährleisten, damit andere den Wiederaufbau des Landes organisieren können“. Mit „andere“ ist die Mission der Vereinten Nationen in Afghanistan (UNAMA) gemeint. Deren Aufgabe und nicht die der Soldaten ist es, Menschenrechte, Demokratie und Schulbildung für Mädchen im Land durchzusetzen. Das ISAF-Mandat lässt von Anfang an keinen Zweifel daran, dass sich die Bundeswehr nicht in Afghanistan befindet, um Brunnen zu bohren und Schulen zu bauen. Die Soldaten sollen „mit allen militärischen Mitteln“ Sicherheit schaffen, auch unter Einsatz von Waffen. Von Anfang an ist klar, dass die ISAF-Mission in einem Land mit dieser Geschichte ein Kampfeinsatz sein würde. Die deutsche Politik hat dies über 20 Jahre lang nicht wahrhaben wollen.

Kabul, *Straßenszene vor Ärztehaus, an der Fassade preisen die Mediziner ihre Dienste an*

Tell : 0700 29 22 70
0799848134 / 0789308056
کلینیک دندان

2002

Nicht die leiseste Ahnung

***Kabul,** Mädchen beim Spiel im Park. Sie stapeln ihre Sandalen und springen darüber*

Die Stände der Händler verdecken die Ruinen der Stadt. Auf dem Mittelstreifen der „Chicken Street“, der Straße entlang des Basars von Kabul, gibt Enrico Jonas das Haltesignal. Windschiefe Häuser auf Schutthalden, wankende Überlebende des Bürgerkriegs. Die Luft vibriert von den Stimmen der Verkäufer, indische Musik aus chinesischen Billigboxen, CDs und DVDs in den Regalen, davor Männer, die Musik hören. Sonst tun sie nichts. Noch vor Kurzem konnten sie davon nur träumen. Die Taliban hatten Musik und Filme verboten. „Die Anwesenheit der ISAF ist ein Geschenk“, sagt der CD-Verkäufer Mir Sultan Ahmadi. „Unser Land hat die Chance, neu anzufangen.“ Ahmadi gehört zu einer Generation, die nur Krieg erlebt hat. Er wurde an Weihnachten 1979 geboren, als die Sowjets einmarschierten, seine Jugendjahre verlebte er im Kabul der Taliban. „Wir haben uns versteckt, um Musik zu hören“, sagt er lachend.

Einige Meter von seinem Verkaufsstand entfernt springen zwei Polizisten von der Ladefläche eines olivgrünen Bundeswehr-Unimog. Schwarze Uniformen, die Kalaschnikows lässig in den Händen, es sind zwei ehemalige Kämpfer der Nordallianz, die im November 2001 Kabul eingenommen hat. Die Nordallianz, so hatten es die Afghanen mit ihren westlichen Gastgebern einen Monat darauf auf der Petersberg-Konferenz in Bonn vereinbart, hätte ihre Truppen längst aus Kabul abziehen sollen. Dort, im Gästehaus der Bundesrepublik Deutschland hoch über dem Rhein, hatten sich die Teilnehmer auf eine Nachkriegsordnung für Afghanistan verständigt. Das Land sollte demokratisiert und befriedet werden.

Frieden und Demokratie, das hörte sich – für westliche Ohren – gut an. Doch längst haben sich die afghanischen Kriegsgewinner in Politik und Verwaltung, in Armee und Polizei festgesetzt. Die beiden Tadschiken verstehen nichts von Polizeiarbeit. Weder können sie den Verkehr regeln, noch wissen sie, was sie an einer Unfallstelle zu tun haben. Sie haben keine Ahnung von Bürgerrechten, von Gesetzen und Regelungen, die Menschen vor Staatswillkür schützen. Dafür wissen sie, wie man Menschen misshandelt und tötet. Dafür können sie nichts, das ist alles, was sie in ihrem bisherigen Leben gelernt haben. Das ist die Realität in Afghanistan. Nun aber sollen sie Polizisten sein. Die Deutschen möchten das so, haben ihre Führer ihnen gesagt. Und was tut man nicht alles, um den „Gästen“ aus dem Westen zu gefallen. Schließlich haben sie dafür gesorgt, dass die verhassten Taliban verschwunden sind. Dass die Deutschen damit nichts, aber auch gar nichts zu tun haben, wissen die beiden Polizisten nicht.

Für Enrico Jonas und die Fallschirmjäger spielt es keine Rolle, wer sie begleitet. Sie haben gelernt, auf sich selber aufzupassen. An einem Geländewagen vom Typ „Wolf“ besprechen sie mit den beiden Polizisten die Streife. „Winken und lächeln“, sagt Oberfeldwebel Jonas. Sie sollen freundliche Soldaten sein, Friedenssoldaten. Seit Wochen gleicht ihre Patrouille einem Triumphzug. Sie gehen über den Markt, schütteln Hände, lächelnde Männer hinter ihren Verkaufsständen legen die rechte Hand aufs Herz. Die Soldaten lächeln zurück, überspielen das beklemmende Gefühl, im engen Gewirr aus Marktständen, Fahrzeugen und Menschen unterwegs zu sein.

Fallschirmjäger nähern sich dem Gegner lieber in unbebautem Gelände. Sie landen hinter den feindlichen Linien, agieren überraschend. Hier ist es anders. Horden johlender Kinder in abgerissenen Kleidern, die Gesichter dreckverschmiert, kündigen die Soldaten an. Kinder, die ihnen, außer Rand und Band, lachend und lärmend hinterherlaufen, die unaufhörlich „Mister, Mister, wie geht's?“ rufen, an den Uniformen zerren, an den Armen und den Waffen. Dann schlagen die beiden tadschikischen Polizisten mit ihren Stöcken wahllos auf die Kinder ein, die kreischend auseinanderstieben, um kurz darauf grinsend zurückzukehren. „Sollte uns in diesem Getümmel jemand angreifen, wären wir chancenlos“, sagt Oberfeldwebel Jonas, während er lächelnd fremde Hände schüttelt. „Ich traue dem Frieden nicht. Schon Kabul können wir nicht überblicken, aber von dem, was außerhalb der Stadt los ist, haben wir nicht die leiseste Ahnung.“

Und doch ahnt Oberfeldwebel Jonas, dass sich im Land etwas zusammenbraut. Kein Vierteljahr nach Beginn der Bundeswehr-Mission rumort es bereits in Afghanistan. Die alten Peiniger, die Milizkommandeure, die lokalen Machthaber und kriminellen Bandenführer, fürchten um ihren Einfluss, um ihre Geschäfte. Sie fürchten den Frieden, Ruhe und Ordnung, Gesetze und Gesetzeshüter, Hoffnung und Zuversicht, Lohn und Brot. Frieden schafft Menschen, die nicht gezwungen sind, für die Interessen ihres Herrn zu kämpfen. Die Provinzfürsten und Drogenbarone, die Kriminellen und die Taliban wollen keine funktionierende Regierung, keinen modernen Staat. Sie profitieren von Unruhe, Chaos und Anarchie. Im Osten des Landes hat sich der Islamist Gulbuddin Hekmatyār mit den Taliban verbündet. Er kämpft gegen die US-amerikanischen Truppen, die in den Grenzgebieten zu Pakistan al-Qaida jagen. Im Norden liefern sich die Milizen des tadschikischen Warlords Atta Mohammad Noor und seines usbekischen Erzfeindes Abdul Rashid Dostum blutige Kämpfe um die Macht in der Region Mazăr-i Scharif. Im Westen festigt der tadschikische Warlord Muhammad Ismăil, besser bekannt mit der Titelbezeichnung Khan als Ismail Khan, unter Einsatz einer Privatarmee die Macht in der Oasenstadt Herat. Leuten wie ihnen geht es nur um politischen Einfluss, um die Kontrolle des lukrativen Drogengeschäfts. Außerhalb von Kabul pflanzen die Bauern bereits wieder Schlafmohn an, um den Saft ihrer unreifen Kapseln zu ernten, zu trocknen und als Opium zu verkaufen. Unter den Taliban war das verboten.

Kabul, *Fleischmarkt am Abend im grellen Licht der Leucht-stoff-Lampen*

2003

Ein Bus und ein Albtraum

Kabul, *Toyota Corolla, bis in den Kofferraum gefüllt mit Kindern*

Seit Tagen gibt es Warnungen vor Selbstmordattentätern. Am 7. Juni 2003 glüht die Sonne über Kabul bereits um acht Uhr morgens. Martin Jäger schiebt das Fenster auf, so wie er das in seiner Heimatstadt Kiel auch machen würde, ehe er losfährt. Der 32-jährige Jäger, von seinem Arbeitgeber freigestellter Reservist, ist nach Kabul gekommen, um hier Bus zu fahren. Heute bringt er das Gepäck von rund 30 Kameraden zum Flughafen. Für sie geht es heim, sie sitzen in einem anderen Bus und fahren hinter ihm. Als Jäger in eine der normalerweise meistbefahrenen Straßen Kabuls einbiegt, spürt er instinktiv die lauernde Gefahr. „Mir ist sofort aufgefallen, dass etwas nicht stimmt", berichtet er später.

Statt chaotischer Verkehrsverhältnisse und trubeligem Lärm wie üblich herrscht hier heute eine sonderbare Stille. Es fahren kaum Autos, Mopeds und Fahrräder, es fehlen die Lastwagen an der Tankstelle und die Passanten vor den Geschäften. Jäger stellt sich die richtigen Fragen, doch eine stimmige Antwort findet er nicht. Und da er keine Antwort findet, handelt er nicht. Er hätte dem vor ihm fahrenden Konvoiführer Peter Hämmerle ein Signal geben können, um dessen Aufmerksamkeit zu erregen und ihn zum Anhalten zu veranlassen: „Peter, ich habe ein mulmiges Gefühl", hätte er sagen können. „Lass uns umkehren!" Doch Hämmerle und Jäger fahren weiter.

Die sich anbahnende Katastrophe sieht Jäger im Rückspiegel. Von hinten nähert sich ein Lada dem Bus mit den Soldaten und detoniert unmittelbar neben ihm in einer gewaltigen Explosion. Deren Wucht ist so stark, dass Jägers vorausfahrender Bus zu schlingern beginnt. Er tritt die Bremse und sieht aus den Augenwinkel den Bus mit den Soldaten vorbeifliegen. Ein

Geschoss mit Rädern, geborstene Fensterscheiben, Metall und Plastik, abgerissen, rasend wie Granatsplitter, siedend heiße Dämpfe, zerstörerischer Explosionsdruck.

An alles, was er nun tut, erinnert er sich später nur bruchstückhaft. Er steigt aus, zieht seine Pistole, sieht einen Afghanen am Straßenrand. „Der Mann lacht, unglaublich, der lacht!" Jäger denkt, er habe etwas mit dem Anschlag zu tun, läuft auf ihn zu, die Pistole im Anschlag. „Ich mach' dich fertig, du Schwein!"

Ein Polizist taucht auf, verjagt den Mann mit Fußtritten. Jäger stoppt. Sein Puls rast. Er senkt die Waffe, steckt sie ins Holster, ringt nach klaren Gedanken. Er sieht den qualmenden Lada des Selbstmordattentäters weit entfernt auf der Straße, ein Schrotthaufen aus gestauchtem Blech. Sein Blick schweift weiter. Er sieht das Buswrack auf einem Feld. Langsam beginnt sein Gehirn zu erfassen, was hier gerade geschehen ist. Die Wucht der Explosion von 160 Kilogramm Sprengstoff hat den Bus 60 Meter weit von der Straße geschleudert. Jäger läuft zur Vordertür des Busses, das Metall ist verbogen, die Verkleidung abgesprengt. Es riecht nach Diesel und verbranntem Fleisch. „Ich muss den Motor abstellen", schießt es ihm durch den Kopf. Er öffnet die Heckklappe des Busses und dreht den Notschalter auf „Aus". Plötzlich glaubt er, im Bus Stimmen in hohen Tönen singen zu hören, es sind die herzzerreißenden, unvergesslichen Schmerzensschreie der Verwundeten. Gemeinsam mit dem herbeigeeilten Konvoiführer Peter Hämmerle und einer niederländischen Sanitäterin schleppt Jäger die Verletzten aus dem Bus, stopft Latexhandschuhe in klaffende Wunden, bindet Gliedmaßen ab, verteilt Verbandszeug an Leichtverletzte. Jäger bemüht sich, einen panischen Kameraden zu beruhi-

***Kabul**, junger Schrankenwärter am „Swimming Pool"-Hill, das Schwimmbad befindet sich dahinter auf einem Plateau*

gen, trägt ihn ins Freie und zieht ihm einen zentimeterlangen Glassplitter aus dem Nacken. Da ihm der Mull ausgegangen ist, deckt er die stark blutende Wunde mit der Hand ab.

Eine halbe Stunde nach dem Anschlag treffen die ersten deutschen Sanitäter ein. Eine halbe Stunde lassen die Kommandeure im Feldlager aus Angst vor einem weiteren Angriff verstreichen, ehe sie Hilfe schicken. Britische, amerikanische, niederländische und deutsche Ärzte werden den ganzen Tag, die ganze Nacht und den folgenden Tag brauchen, um alle Verwundeten zu stabilisieren, ehe diese ausgeflogen werden können.

Vierzehn Tage später sitzt Martin Jäger im Garten seines Hauses in Kiel. Die Blumen blühen, die Vögel zwitschern in den Bäumen, es könnte ein schöner Sommertag sein. Doch die Ereignisse in Kabul und die Bilder seiner verstümmelten und verwundeten Kameraden lassen ihn nicht los, sie verfolgen ihn Tag und Nacht. Er kapselt sich ab von Frau und Kind, von Freunden und Bekannten, er wird zum Kettenraucher und Alkoholiker. Physisch hat Jäger Afghanistan überlebt, psychisch hat Afghanistan ihn zerstört. Sein Kampf gegen die grauenvollen Bilder im Kopf, gegen sein Schuldgefühl, mitverantwortlich zu sein für den Tod von vier Soldaten und die Verwundung von 30 Kameraden, hat gerade erst begonnen. „Ich frage mich immer wieder, ob ich es hätte verhindern können", grübelt Martin Jäger verzweifelt. Nein, das hätte er nicht.

ZWISCHENFAZIT
2003
Krieg ohne Fronten

Der Angriff eines Selbstmordattentäters am 7. Juni 2003 führte der politischen und militärischen Führung in Berlin drastisch vor Augen, in welche Lage die Bundeswehr in Afghanistan geraten war. Vier getötete und 30 zum Teil schwer verletzte, für immer gezeichnete Soldaten – hier ließ sich nichts schönreden. Hätten sie gewusst, wie gefährlich die Lage in Afghanistan sei, hätten sie dem Einsatz niemals zugestimmt, versicherten die Bundestagsabgeordneten, die am Tag des Anschlags aufgeregt im Verteidigungsministerium anriefen. Der damals diensthabende General Egon Ramms erinnerte sich noch Jahre später an diese Anrufe: „Die Damen und Herren waren umfassend über die Gefahren informiert", sagte er kopfschüttelnd. Mochte Afghanistan anfangs für viele Soldaten, Politiker und Medienleute vor allem ein exotisches Abenteuer gewesen sein, im Juni 2003 wurde das Land jäh zum Kriegsschauplatz ohne Fronten. Der Kampf um die Macht, ausgetragen von den Siegern und Verlierern nach dem Fall des Taliban-Regimes, war längst entbrannt. Die Illusion vom humanitären Einsatz war zerstört. Die Bundeswehr, das sollte der Anschlag aus dem Untergrund verdeutlichen, war wie alle westlichen Truppen in Afghanistan Kriegspartei und damit das Ziel von Terroristen und Taliban.

Dieser Umstand veränderte Mission und Sicherheitslage zwar auf drastische Weise, doch wollte sich die politische und militärische Führung in Berlin diese Veränderung nicht eingestehen. Sie fürchtete um die öffentliche Zustimmung. Eine „Unmenge von Kondolenzbriefen, auch aus Afghanistan", habe sie nach dem Anschlag erreicht, berichtete die Bundeswehrführung. Dabei blendete sie auf der Hand liegende Fragen aus: Wie konnte es sein, dass halb Kabul von dem bevorstehenden

Anschlag wusste, nur die Bundeswehr nicht? Warum bliebe die Afghanen von der Straße fern? Und warum kam niemand auf die Idee, die angeblich so beliebten deutschen Soldaten zu warnen? Die Antworten hätten zum sofortigen Abzug führen müssen.

Die Bundeswehr war in eine Lage geraten, die sie nicht mehr durchblickte. Alle Seiten in Afghanistan, die Regierung, die Taliban, die paschtunischen Stämme, waren von kriminellen Netzwerken durchdrungen, die je nach Lage und oft über die Frontlinien hinweg entschieden, auf welche Seite sie sich stellten. Diese kriminellen Netzwerke hatten kein Interesse an Frieden. Sie wollten den ausländischen Truppen einen Krieg aufzwingen, in den diese immer mehr Soldaten und Ausrüstung hätten stecken müssen. Und damit Geld. Geld für Verpflegung, für Materialtransporte, für den Neubau von Straßen, Brücken und Schulen, aber auch für die anderen Geschäfte, die im Krieg gedeihen: Drogenhandel und der Handel mit illegalen Edelsteinen etwa. Die Warlords, die mit den Amerikanern gegen die Taliban gekämpft hatten und nun einflussreiche Regierungsämter bekleideten, saßen mit ihren Leuten an den Schalthebeln, überall, auch in der Polizei von Kabul.

Doch es gab niemanden, der diese Fragen stellte, und niemanden, der die nüchternen Antworten darauf hätte hören wollen. Die Bundesregierung klammerte sich an die Illusion vom Friedenseinsatz. Im Oktober 2003, fünf Monate nach dem Anschlag, beschloss sie, die Mission der Bundeswehr auf Nordafghanistan auszuweiten. Der Auftrag der von 2001 bis 2014 in Afghanistan aktiven Internationalen Sicherheitsunterstützungstruppe ISAF bestand darin, die afghanische Regierung bei der Aufrechterhaltung der Sicherheit im Land zu unterstützen und für die Staatsorgane wie auch für das mit Wiederaufbau und humanitären Aufgaben befasste internationale Zivilpersonal ein sicheres Umfeld zu schaffen. Für den damaligen SPD-Verteidigungsminister Peter Struck hatte in seiner Begründung für den neuen Einsatz aber etwas anderes Priorität. Der afghanischen Bevölkerung, so sagte er im Bundestag, solle eine Friedensperspektive aufgezeigt werden, um radikalen Elementen den Boden zu entziehen. Daher stehe der zivile Aufbau im Vordergrund, nicht das Militär.

Ziviler Aufbau? In Kundus, Faizabad und Mazār-i Scharif, den drei Stützpunkten der Bundeswehr in Nordafghanistan, hielten sich nie mehr als jeweils ein paar Handvoll Zivilisten auf, dafür aber Tausende von Soldaten.

2004

Ein Meer aus Mohn

Mazār-i Scharif,
Rekrutenausbildung bei der Afghanischen Nationalarmee

Die Luft riecht erdig, Schmelzwasser gluckert in den Kanälen, am Horizont ragen die weiß gepuderten Gipfel des Pamir-Gebirges empor. Es ist Frühling in Hajji Sattar. Barfüßig treibt Hamidullah Khan zwei Rinder vor einem Holzpflug über das Feld, mit der einen Hand hält er die Führungsleine, mit der anderen streut er die Saat aus. Der leichte, warme Wind trägt Kinderstimmen aus dem Dorf herüber.

Die friedliche Stimmung wird jäh gestört, als sich zwei Wagen nähern. Nervös schaut Hamidullah Khan zum Feldrand. Er kennt die Autos, sie bedeuten nichts Gutes. Nicht weit von ihm entfernt halten sie an. Bewaffnete Männer steigen aus und umstellen die Autos. Einer von ihnen ruft Hamidullah etwas zu, worauf dieser die Leine in die feuchte Erde fallen lässt und zum Feldrand stapft. Als er sich den Fahrzeugen nähert, öffnet sich zunächst die Hintertür des einen und schließlich auch die des anderen Wagens. Distrikt-Gouverneur Abdul Hakimi und Polizeichef Nurhan Mustafa entsteigen den Autos, der eine im Anzug, der andere in Uniform. Hamidullah Khan streift sich die erdigen Hände an seiner Hose ab und bleibt ehrfürchtig vor ihnen stehen. Der Gouverneur tritt auf das Feld, seine schwarzen Lederschuhe versinken in der Erde. Hamidullah Khan würdigt er keines Blickes. Der Gouverneur geht in die Hocke und wühlt mit der Hand im Boden.

„Schauen Sie“, sagt Abdul Hakimi und hält die Hand auf. „Er baut Honigmelonen an, keinen Mohn!“ Mit der anderen Hand deutet der Gouverneur auf die Saatkörner. Hamidullah Khan nickt. „Melonen, ja“, sagt er vorsichtig, während der Gouverneur im Gras am Wegesrand die Erde von seinen Lederschuhen abzutreten versucht. „In drei Monaten sind sie reif“, ergänzt Hamidullah Khan und blickt zaghaft vom Gouverneur zum Polizeichef. Nurhan Mustafa räuspert sich. „Damit das klar ist: Wenn du noch einmal Mohn anbaust, werde ich deine Felder abbrennen lassen", sagt er dröhnend. Hamidullah Khan nickt, der Gouverneur zieht ein Tuch aus der Tasche, poliert seine Schuhe, dreht sich um und steigt in sein Auto. Der Polizeichef winkt seinen Leuten. Kurz darauf sind sie verschwunden, und Hamidullah Khan stapft zurück zu seinen Rindern.

Einige Stunden zuvor hatten fünf Soldaten und ein deutscher Journalist in zwei Land Cruisern das Bundeswehrlager in Kundus verlassen. Die Uhr zeigt kaum fünf Uhr, das Schwarz der Nacht weicht langsam dem Grau des Morgens. Ziel ist eines der größten Mohnanbaugebiete der Welt östlich von Taloqan, der Hauptstadt der Provinz Tachar im Norden Afghanistans. Als habe jemand das Licht angeschaltet, geht plötzlich die Sonne auf und taucht die grün gepuderten Hügel und lehmfarbenen Dörfer in grelles Licht. Die Straße schlängelt sich durch Minenfelder, davor weiße Steine mit roter Kuppe, am Straßenrand verrosten die Wracks sowjetischer Schützenpanzer.

„Mist!" sagt der Fahrer des einen Land Cruiser plötzlich, und schlägt, während er das Wort mehrfach wiederholt, rhythmisch aufs Lenkrad. Der Motor erstirbt, der Wagen rollt aus und bleibt schließlich am Straßenrand stehen. „Immer das Getriebe", sagt er ärgerlich, öffnet die Motorhaube, blickt darunter, schlägt sie wieder zu und schüttelt den Kopf. Dieser Wagen fährt nicht mehr. Er muss in die Werkstatt. Die beiden Soldaten im anderen Land Cruiser wenden und fahren zurück. Ein Dutzend afghanische Minensucher, die eben noch auf dem Feld gehockt und konzentriert durch ihre Schutzgläser geblickt haben, kommen gemächlich auf die Deutschen zu. Die Soldaten lächeln und grüßen freundlich: „As-salamu alaykum, der Frieden auf Euch“. Sie reichen den Einheimischen die Hand, nicht wissend, dass ein Muslim den Handschlag mit einem Kafir, einem Ungläubigen, unterlassen soll. Die Deutschen sind zu dritt, ein paar Mann mehr wären jetzt nicht schlecht. Traue hier keinem über den Weg, so haben sie es in Afghanistan gelernt. Die Minensucher umringen sie, einige reiben Daumen und Zeigefinger aneinander. Die Soldaten schütteln bedauernd den Kopf, lächeln, nein, sie haben kein Geld dabei.

Es dauert zwei Stunden, ehe die Soldaten aus Kundus mit einem weiteren Land Cruiser zurück sind, im Schlepptau einen Lastwagen. Während der Lastwagen den defekten Toyota an den Haken nimmt, setzen die beiden Land Cruiser ihren Weg in entgegengesetzter Richtung fort. Nach einigen Kilometern Fahrt passieren sie ein Dorf, ein Junge treibt einen Esel vor einem Karren an, überfüllte Busse auf einem Platz, offene Holzverschläge entlang den Straßen, Handwerker feilen und sägen. Kinder tragen heiße Brotfladen über die staubigen Wege, aus den Säcken der Händler leuchten rote und gelbe Gewürze. Die Soldaten winken. Winken schützt. Wohin sie auch kommen, sie wollen zeigen, dass sie niemandem etwas zuleide tun. Und wer keinem etwas zuleide tut, möchte auch nicht, dass andere ihm etwas antun.

Friedliche Koexistenz zwischen Truppe und Einwohnern, so stellen es sich die Politiker in Berlin gern vor. Doch nun ist der Friede in Gefahr, und dafür verantwortlich ist ausgerechnet die verbündete afghanische Regierung, zu deren Sicherheit die Bundeswehr am Hindukusch ist. Sie plant einen Feldzug gegen die Drogen und will die Mohnfelder vernichten, dabei gibt es in Afghanistan kein besseres Geschäft als das mit Opium. So gut wie jeder an den Machthebeln in diesem Land hat die Finger an den Geldtöpfen, in die das Drogengeld sprudelt. Freiwillig ist die Regierung in Kabul nicht in den Drogenkrieg gezogen. Es sind die Politiker in Washington, London und Berlin, die verhindern möchten, dass ihre Länder mit billigem Heroin aus Afghanistan geflutet werden.

Erst kürzlich haben die Amerikaner in Kabul wieder geklagt, die Regierung tue zu wenig gegen den Mohnanbau und die Produktion von Opium und Heroin aus der Mohnpflanze. Im Januar 2004 gründeten die Afghanen eine Einheit von Drogenfahndern, die seitdem ausrückt, um Labore zu zerstören und Opiate zu beschlagnahmen. Präsident Hamid Karzai hat die Gouverneure und Polizeichefs angewiesen, mit ganzer Härte gegen Bauern vorzugehen, die auf ihren Feldern Mohnpflanzen anbauen. Was er dabei vergessen hat: Es sind jene Gouverneure und Polizisten, die am Drogenhandel verdienen.

Schlafmohn ist anspruchslos. Je dunkler die Pflanze, desto höher ist ihr Opiumgehalt, eine dunkelbraune, dickflüssige Substanz, die aus den Zwiebeln unter den Blüten quillt. In der Erntezeit kommen Tagelöhner auf die Felder, ritzen die Mohnblüten, aus denen rosaroter Milchsaft herausquillt. Am nächsten Morgen schaben sie das schwarzoxidierte Rohopium von den Kapseln ab, das die Grundlage für Opium und Heroin bildet.

Seit Stunden fahren die Deutschen nun bereits durch Hitze und Staub, es ist Mittag geworden, die hungrigen Soldaten reden über das Kantinenessen, das sie heute verpassen. Frühstück, Mittag- und Abendessen sind wichtige Termine in ihrem Alltag, sie geben der Langeweile im Feldlager eine Struktur. „Wollen wir Fladenbrote kaufen?“ fragt einer der Soldaten. Der Presseoffizier schüttelt den Kopf. „Das hat der Doc doch verboten, oder willst du die Scheißerei?“ Er holt ein Brötchen aus einer Tüte, der Geruch von Salami erfüllt den Wagen, während die Klimaanlage auf Volllast läuft. Der Presseoffizier hat sich vor der Fahrt an einer Erklärung der deutschen Drogen-Strategie versucht. „Sie besteht darin, nicht wegzuschauen, sondern hinzusehen und Verdächtiges an die einheimischen Behörden zu melden“, sagt er. Nein, die Soldaten sollen keine Mohnfelder abfackeln, dafür haben sie kein Mandat. Doch falls sie ein Feld sehen, auf dem die rot blühenden Pflanzen stehen, sollen sie den Gouverneur oder den Polizeichef anrufen. Damit hätten sie ihre Pflicht im Kampf gegen die Drogen getan. Wie die Behörden mit dieser Information umgehen, nun, und da zuckt der Presseoffizier die Achseln, das habe man dann nicht mehr in der Hand. Aber einen Krieg gegen die Drogenbarone, den wolle in Berlin niemand, die Soldaten im Übrigen auch nicht. Niemand wolle in einem Leichensack nach Deutschland zurückkehren, nur weil der Westen der Ansicht ist, in Afghanistan müssten die Mohnpflanzen vernichtet werden.

Doch kann sich die Bundeswehr dem Drogenkrieg wirklich entziehen? Alle Seiten in Afghanistan stecken im Drogenhandel und verdienen an ihm, auch die Taliban. Sie haben mit ihrer alten Politik gebrochen. Noch im letzten Jahr ihres Regimes verboten sie den Anbau von Schlafmohn. Das weltweite Heroin-Angebot ging daraufhin massiv zurück. Damit hatten die Taliban erreicht, was sie wollten. Sie verboten die Produktion von Rauschgift nicht, weil er gegen den Koran verstößt. Ihnen ging es um ein Geschäft. Bevor sie den Anbau unter Strafe stellten, konfiszierten sie die Ernte des Vorjahrs und lagerten das Rohopium ein. Damit verknappten sie das Angebot, und der Weltmarktpreis stieg. Ihre Bestände konnten sie nun entsprechend teuer verkaufen und mit den Erlösen ihre Waffenkäufe finanzieren.

Die Drogenbarone sind die Könige von Afghanistan. Sie verfügen über viel Geld, und wer über viel Geld verfügt, der kann sich Paläste im Inland, Villen im Ausland und schwerbewaffnete Privatarmeen leisten. In Südamerika gibt es Drogenkartelle, an die sich die Polizei nicht heranwagt, weil ihre Milizen so hochgerüstet sind wie Spezialkräfte des Militärs. Auch in Afghanistan will sich kein Gouverneur und kein Polizeichef mit den Kartellen anlegen – es mangelt ihnen an Leuten, an Waffen und an Fahrzeugen. Und es gibt viel Geld zu verlieren. Wer sich den Kartellen in den Weg stellt, landet blitzschnell unter der Erde.

Distrikt-Gouverneur Abdul Hakimi und Polizeichef Nurhan Mustafa wissen das genau. Als die deutschen Soldaten in ihren Land Cruisern Hajji Sattar erreichen und die Polizeistation aufsuchen, werden sie freundlich empfangen. Gestenreich bitten Abdul Hakimi und Nurhan Mustafa die Soldaten, auf den schwarzen Ledersofas Platz zu nehmen. „Erbarmungslos“, sagt der Polizeichef mit donnernder Stimme und wiederholt, damit es seine Tee schlürfenden Gäste auch verstehen, „erbarmungslos“ lasse er seine Leute gegen die Mohnbauern vorgehen. Der Gouverneur nickt, seine Hose spannt über dem Bauch, in seinen schwarzen Lederschuhen spiegelt sich das Licht der Deckenlampe. „Wir stehen hier an vorderster Front gegen die Verbrecher“, ergänzt er.

Wer nicht wüsste, dass dies ein Schauspiel ist, könnte die Aussagen für bare Münze nehmen. Distrikt-Gouverneur und Polizeichef reden und reden, empören sich, recken die Hände zur Faust. Als sie merken, dass der Gast zweifelt, erteilen sie den Befehl, zwei Autos klarzumachen. Die deutschen Soldaten werden gebeten, es sich solange auf den Sofas bequem zu machen, es dauere nicht lange.

Das Feld von Hamidullah Khan liegt gleich hinter dem Ort. Im Auto fragt der Gast den Gouverneur, wie viel Geld ein Bauer für einen Hektar Weizen bekomme und wie viel für einen Hektar Mohn. Der Gouverneur schüttelt betrübt den Kopf. Nein, das wisse er leider nicht. 390 Dollar für den Weizen und 4600 Dollar für den Mohn, heißt es im Drogenbericht der Vereinten Nationen. Der Gouverneur blickt auf den Sitz vor ihm und lächelt. Es hat den Anschein, als denke er darüber nach, die Maskerade zu beenden. Doch rasch setzt er sein ernstes Gesicht wieder auf. „Wir sind da“, sagt er und blickt auf das Feld, auf dem Hamidullah Khan seine Rinder vor sich hertreibt.

Mazār-i Scharif,
afghanische Soldaten reparieren einen von den USA gelieferten Lastwagen

ZWISCHENFAZIT

2006

Einsatz ohne Ziel

Mazār-i Scharif,
Bordschütze eines deutschen Helikopters am Maschinengewehr im Heck

Lage: Terror-Gruppen hatten sich mit Taliban, Drogenbaronen und Mohnbauern gegen die westlichen Truppen verbündet. Eine Gewaltwelle erschütterte das Land, doch im Westen
blieb sie weitgehend unbeachtet. Hier dominierte der Irak die
Nachrichten, wo die Terrororganisation al-Qaida im Herbst
2006 einen islamischen Staat ausgerufen hatte. Anschläge und
Gefechte im Osten und Süden Afghanistans fügten den ausländischen Truppen stetig höhere Verluste zu; allein die Amerikaner verzeichneten 50 Gefallene binnen eines halben Jahres.
Auch im Norden des Landes, im vermeintlich ruhigen Einsatzgebiet der Bundeswehr, veränderte sich die Lage. Die Taliban
schickten Kämpfer aus Pakistan in die paschtunischen Dörfer,
bauten Widerstandszellen auf, rekrutierten und trainierten
Personal, legten Waffendepots an und bauten ein Netzwerk
aus Unterstützern, Kundschaftern und Fürsprechern auf. Die
Taliban unterwanderten die Bevölkerung.

Die Bundeswehr konnte diese schleichende Veränderung
nicht aufhalten. Sie verfügte über zu wenige Soldaten und
über kaum geeignete Waffen im Land, als dass sie auf die Entwicklung hätte reagieren können. Sie solle ihre Forderungen
nicht übertreiben, lautete die Reaktion der Bundesregierung
auf den Wunsch der Militärführung nach mehr Personal und
mehr Waffen. Diese Sorge hatten die Taliban nicht. Sie hatten
einen Pakt mit der Rauschgiftmafia geschlossen und verdien-
ten prächtig am Opiumgeschäft. Nahezu das gesamte weltweit
gehandelte Opium stammte mittlerweile aus Afghanistan. Mit
dem Drogengeld kauften die Taliban Waffen und Gefolgsleute. Die Amerikaner, mit über hunderttausend Soldaten im Irak
gebunden, plädierten für eine härtere Gangart gegenüber den

Kartellen, doch die Europäer fürchteten um die Sicherheit ihrer Truppen. Sie wollten die Bauern lieber für den Anbau alternativer Produkte gewinnen, Melonen statt Mohn, Rosen statt Rauschgift. Kriminalitätsexperten im fernen Westen empfahlen, die Drogenhändler zu bekämpfen statt die Bauern zu bestrafen. Sie wussten vermutlich nicht, dass die Drogenhändler längst im Parlament und in den Ministerien und Gouverneurspalästen saßen.

2008

Raketendörfer

Kundus, *afghanischer Soldat hinter dem Panzerglasfenster eines Humvee-Geländewagens*

Zwei Atemzüge, mehr Zeit haben sie nicht, um Schutz zu suchen, sobald sie den Pfeifton der Mörser hören. Die Soldaten flüchten in Gebäude oder hechten in Gräben, um dort auf die Einschläge zu warten. An manchen Tagen tun sie dies 30-mal, so oft beschießen die Taliban das Feldlager. Das Küchengebäude steht noch, weil die einschlagende Granate nicht explodierte. Die Dörfer, von denen aus die Mörser abgeschossen werden, sind nur ein paar Kilometer entfernt. Es grenzt an ein Wunder, dass es noch keine Toten gab. Die Soldaten igeln sich ein, denn sie sind zu wenige, als dass sie den Taliban zu Leibe rücken könnten. Bis zu jenem Tag im Februar, an dem 150 deutsche Fallschirmjäger in Kundus eintreffen.

Mitternacht im Mai, der Mond spiegelt sich im Kundus-Fluss, durch das Nachtsichtgerät wirken Soldaten und Landschaft grün-weiß verzerrt. Am gegenüberliegenden Ufer leuchtet schwaches Licht, das Dorf Haji Amanullah mit seinen wenigen Häusern ist eine Hochburg der Taliban. Hier finden sie Unterschlupf, bauen Bomben und verstecken ihre Waffen. Von hier aus feuern sie ihre Raketen auf das Feldlager. Als die Fallschirmjäger mit der Dämmerung das zehn Straßenkilometer entfernte Feldlager verlassen, wissen die Taliban in Haji Amanullah sofort Bescheid. Sie haben ihre Leute überall. Für die 14 Soldaten aus dem saarländischen Lebach wird es wieder eine lange Nacht werden, sie sollen erneut ins Herzland der Taliban in Nordafghanistan vordringen. Sie sollen sich zeigen, ihre Gewehre und Granatmaschinenwaffen, ihre Entschlossenheit. Die Taliban sollen kein weiteres Mal auf die Idee kommen, das Feldlager zu beschießen. „Ein Job wie gemacht für uns", sagen die Fallschirmjäger. Infanteristische Elite der Bundeswehr, so verstehen sie sich. Eine Elite, die Kette raucht, um ihre Nervosität zu bekämpfen, die über kaputte Straßen und die finsteren Blicke der Afghanen flucht, über einen Gegner, der sich nicht stellt. Und über ihre Fahrzeuge, die sie nicht schützen. Angst? „Nein, aber Respekt." Der Gegner sei gefährlich, es sind erfahrene Kämpfer aus dem Irak und aus Südafghanistan dabei. „Die meisten von uns schließen vor jeder Patrouille mit dem Leben ab", sagt einer der Soldaten. „Man weiß nie, ob man das Lager beim nächsten Mal nicht im Leichensack erreicht."

Die Soldaten umringen die Motorhaube ihres Mercedes-Benz „Wolf", das matte Licht einer Taschenlampe taucht ihre Gesichter in einen rötlichen Schein. „Wir sitzen ab und laufen durch den Ort", sagt der Gruppenführer leise. „Nichts Wildes, so wie sonst auch." Die Männer nicken. Nachts durch ein Taliban-Dorf zu laufen, ist ihnen lieber, als tagsüber durch Kundus zu fahren. „Da legen sie uns eine Bombe unter den Arsch, und dann sind wir alle tot", sagt ein Fallschirmjäger lakonisch. „Eins noch", sagt der Gruppenführer. „Es gibt wieder eine Warnung. Selbstmordattentäter in einem weißen Corolla. Haltet die Augen auf!" Als die Soldaten zu ihren Fahrzeugen gehen, knarzt es im Funkgerät des Gruppenführers. „Auto von hinten." Die Männer laufen auseinander und machen ihre Waffen bereit. „Anhalten und durchsuchen!" sagt der Gruppenführer ins Funkgerät und nennt die Namen zweier Soldaten. Die Lichter des Wagens kommen näher, die beiden Soldaten gehen ihnen entgegen. Möglicherweise bewegen sie sich gerade zum letzten Mal in ihrem Leben auf diese Weise. Möglicherweise hat der Gruppenführer mit seinem Befehl, das Auto zu stoppen, gerade ihr Todesurteil gefällt. Der Fahrer bremst, als er den Schein der Taschenlampen sieht, und hält an. Nichts geschieht. „Corolla, weiß, eine Person", sagt einer der beiden Soldaten in sein Funkgerät, während der andere sich langsam dem Fahrzeug nähert und mit seiner Taschenlampe ins Innere leuchtet. „Kofferraum öffnen“, bedeutet er dem Fahrer. Der weißbärtige Mann, einen runden Pakol auf dem Kopf und in einen traditionellen grauen Salwar Kamiz gekleidet, steigt bedächtig aus, hantiert am Schloss, die Heckklappe schnellt hoch. „Hier her“, sagt der Soldat und zeigt vor sich auf den Boden. Der Fahrer schaut ihn an, nickt, tritt fünf Meter zurück, der Fallschirmjäger leuchtet den Kofferraum aus. „Behalte ihn im Auge“, sagt er zu dem anderen Soldat, hängt sein Gewehr um, beugt sich hinunter und verschwindet mit dem Oberkörper im Inneren. „Okay“, sagt er nach einer Weile und schlägt die Heckklappe zu. „Taschakor! Danke!“ Der Fahrer steigt wieder in sein Auto und fährt grußlos davon. Die Rücklichter seines Wagens wogen auf der löchrigen Straße auf und ab, bis sie schließlich in der Dunkelheit verschwimmen. Der Gruppenführer sichert seine Waffe und atmet hörbar aus. „Scheißjob“, murmelt er. „Aber besser, es trifft nur zwei als uns alle.“

Vier Soldaten der Fußpatrouille gehen auf der einen, vier auf der anderen Straßenseite, die übrigen Kameraden folgen ihnen in ihren Autos. Kegelförmiges Mondlicht steht über den Häusern von Haji Amanullah, geduckte Trutzburgen aus Lehm und Stein. Grillen zirpen, Frösche quaken, Hunde bellen, Frühjahrskonzert der Natur. Die Straße wirkt wie gepudert, jeder Schritt löst eine feine Staubwolke aus. Ein bärtiger Mann kniet und betet. In den Ladentüren stehen Gestalten in fahlem Petroleumlicht, ihre gedämpften Stimmen verstummen, als die Fallschirmjäger vorbeiziehen. „Salam!“ „Friede!“ Schweigen. „Das war noch freundlich. Sonst spucken sie aus und wenden sich ab“, sagt der Gruppenführer.

Feindseligkeit schlägt den Soldaten entgegen. Die Taliban-Propaganda, die Ausländer seien Besatzer und Handlanger der korrupten Regierung in Kabul, entfaltet ihre Wirkung. Der Widerstand wächst. Im Süden und Osten Afghanistans herrscht offener Krieg. Nato-Oberbefehlshaber James Jones spricht vom möglichen Scheitern des Westens in Afghanistan. Auch im Norden verschärft sich die Lage. „Wir haben die Initiative verloren", meldet der deutsche Kommandeur in Kundus, Oberst Rainer Buske, nach Berlin. Er hat zu wenig Soldaten und zu wenig Waffen, um die Taliban aufzuhalten. Explodierende Bomben auf den Straßen, Selbstmordattentäter, die latente Gefahr, in einen Hinterhalt zu geraten, die Soldaten sprechen längst von Krieg. Verteidigungsminister Franz Josef Jung verbietet ihnen dieses Wort. Dies sei ein Friedenseinsatz und kein Krieg, erklärt er. Mit Krieg assoziiere er die im Zweiten Weltkrieg zerbombten deutschen Städte. Die politische Führung in Deutschland ignoriert die Entwicklung, will nicht zur Kenntnis nehmen, dass die Lage außer Kontrolle gerät. Die Soldaten fragen sich, wofür sie hier ihr Leben aufs Spiel setzen, und machen doch weiter.

Die Fallschirmjäger gehen aus Haji Amanullah hinaus in die Nacht, aus den Gehöften am Ortsrand laufen ihnen bellende, zähnefletschende Hunde hinterher. Auf der rechten Seite mäandert der Fluss durch die Landschaft, links verdecken Bäume den Blick auf die Felder dahinter. Die Soldaten blicken angestrengt durch ihre Nachtsichtgeräte. Plötzlich gibt der Patrouillenführer das Stoppzeichen. „Person auf Fahrrad, zweihundert voraus", flüstert er dem Hintermann zu. Ein einsamer Fahrradfahrer mitten in der Nacht, er kommt heran, die Soldaten leuchten ihm ins Gesicht. Er hält an, steigt ab. Wieder ein

Greis, grauer Bart, Pakol, Salwar Kamiz. Ein kurzer Gruß, ein Blick, kein Sprengstoffgürtel am Körper, dafür ist er zu dünn. Die Soldaten atmen durch.

Am nächsten Tag liegt die Mittagshitze lähmend über dem Shahed-Abdul-Basit-Camp. An der Einfahrt döst der afghanische Wachposten vor sich hin und springt von seinem Stuhl auf, als er das Fahrzeug von Major Thomas Czapla erblickt. Er zieht an einem Seil, worauf die Schranke sich hebt. „Bin gespannt, was gleich geschieht", murmelt Czapla und hält vor einem flachen Gebäude an. „Die Afghanen sind nach dem Mittagessen sehr träge", sagt er. „Da schläft schon mal die ganze Kompanie, kein Scherz."

Czapla ist Chef der 30 deutschen Militärberater in Kundus und damit Deutschlands größte Hoffnung in Afghanistan. Nur wenn die afghanische Armee stark genug ist, um allein gegen die Taliban zu kämpfen, kann die Bundeswehr abziehen. Gerade scheint es, als hätten die afghanischen Soldaten anderes zu tun, als gegen die Taliban zu marschieren. Sie haben sich aufs Ohr gelegt. Czapla setzt sein Barett auf, zieht die Uniform glatt und sagt: „Dann wollen wir mal!" Im vor ihm liegenden gelb gestrichenen, kaum ein Jahr alten Gebäude residiert normalerweise der Stab eines Bataillons. Czapla tritt ein, dunkle Gänge, tiefe Ruhe. Er klopft an eine Tür, drückt die Klinke. Verschlossen. Nächste Tür, nächste Klinke. Ebenfalls verschlossen. Dann öffnet sich die erste Tür, zwei Augen blinzeln durch einen Spalt. „Wo ist der Kommandeur?", fragt Czapla. „In Kabul", antworten die zwei Augen durch den Spalt. „Und der Stellvertreter?" Kopfschütteln. „Hier nicht." Czapla geht auf die Augen zu. „Er soll ihn herholen", sagt er zu seinem

Dolmetscher. „Jetzt?“ fragt der Kopf im Türspalt. „Ja, jetzt, sofort“, antwortet Czapla. „Das wird aber etwas dauern“, erwidert der Kopf. „Macht nichts, ich warte“, sagt Czapla.

Zehn Minuten später eilt Major Hadji Mohammad Sabur herbei, etwas ungehalten, das Haar zerzaust. Die Soldaten ruhten, sagt er, was der Chefberater denn um diese Zeit bei ihnen wolle. Er würde gern bei der Ausbildung eines Zuges zusehen, sagt Czapla. Hadji Mohammad Sabur zückt unwillig sein Funkgerät und spricht eine Weile hinein. Dann hellt sich seine Miene auf: „In einer halben Stunde haben wir einen Checkpoint aufgebaut. Wollen Sie Tee trinken?“ Czapla nickt und erklärt, er habe Besuch aus Deutschland mitgebracht. Er, Hadji Mohammad Sabur, werde nun bald berühmt. So berühmt, dass ihn die Militärführung schon bald zum Kommandeur des Bataillons machen werde. Der Major weiß nicht, wie er den Spaß verstehen soll, er lacht gequält: Inschallah, so Gott will.

Soldaten bringen Tee und Gebäck, und als sie den Raum verlassen haben, beginnt Hadji Mohammed Sabur ein Klagelied. Es ist ein Klagelied über die Deutschen. Enttäuscht sei er von ihnen, er fühle sich im Stich gelassen, ja, das müsse er so formulieren, die Deutschen hätten ihn im Stich gelassen. Als vor einigen Monaten der Befehl gekommen sei, mit seinen 600 Soldaten von Kundus nach Kandahar zu ziehen, um dort gegen die Taliban zu kämpfen, habe er inständig gehofft, die Berater aus Deutschland kämen mit. „Ich dachte, die Deutschen sind Freunde und stehen an unserer Seite“, sagt er. Doch dann das: Die Regierung in Berlin habe befohlen, die Berater in Kundus zu belassen. Dabei seien die afghanischen und die deutschen Soldaten inzwischen ein so gutes Team geworden. Hadji

Mohammed Sabur schüttelt betrübt den Kopf. In Kandahar hätten sie harte Kämpfe führen müssen. Viele Männer seien gefallen, und das auch, weil sie es plötzlich mit amerikanischen und nicht mehr mit deutschen Beratern zu tun hatten. „Wir wussten zunächst gar nicht, was die von uns wollen. Die Amerikaner ticken anders als die Deutschen. Meine Soldaten waren durcheinander."

Der Kommandeur der internationalen Truppen in Kabul, der Kommandeur in Kandahar, selbst die deutschen Kommandeure in Nordafghanistan haben dies vorhergesehen. Aus operativer Sicht sei es sinnvoll, die deutschen Berater nach Kandahar mitzuschicken, erklärten sie. Aber nicht nur aus operativer Sicht, sondern auch, um ein Zeichen zu setzen: Wir sind euer Partner, nicht nur in der Ausbildung, auch im Kampf. Es gehe um die Glaubwürdigkeit gegenüber den Afghanen, aber auch gegenüber den Verbündeten in der Nato, meldeten die deutschen Kommandeure nach Berlin. Kanada, die USA, Großbritannien, die im Süden in schwere Gefechte verwickelten Nationen, warfen den Deutschen vor, sie drückten sich vor dem Kampf. Die Erwiderung der Bundesregierung fiel kurz und barsch aus: Deutschland habe in Nordafghanistan genug zu tun.

Auf dem Rückweg ins deutsche Feldlager ringt Major Czapla mit sich. „Ich kann verstehen, dass die Afghanen enttäuscht und verärgert sind", sagt er. Aber er wisse eben auch, dass bei den Kämpfen in Kandahar nicht nur afghanische Soldaten, sondern auch amerikanische Berater gefallen seien. Es hätte auch sie, die deutschen Berater, treffen können. Berater wie ihn. „Glück gehabt", sagt Czapla.

Mazār-i Scharif,
früheres amerikanisches Militärlager, nach der Übergabe an die Afghanen von Verfall geprägt

Schicksal

Sie sind 19 Jahre jung, als sie Soldaten werden. Ende Juni 2008 fliegen Patrick Sauer und Michael Ebersoldt nach Kundus. Sechs Wochen später sollen sie sterben. Sie haben vormittags eine Straße gesperrt, ein Radpanzer muss repariert werden. Sie stehen auf der Fahrbahn, etwas zu arglos, vielleicht zu unerfahren, noch nicht lange genug in diesem Krieg mit seiner Hinterhältigkeit. Ein Motorrad nähert sich, zu schnell, viel zu schnell. In ihren Köpfen rattert es: Was sollen sie tun? Brüllen, schießen, zur Seite springen? Der Fahrer, versteinertes Gesicht, dünn, kein Sprengstoffgürtel, oder doch? Er grinst noch, ehe er auf der Höhe von Ebersoldt und Sauer von seiner Bombe zerfetzt wird.

Christine Gerlinger hat nicht gewollt, dass ihr Sohn Soldat wird. Doch Michael hat sich nicht davon abhalten lassen. Im Radio hört sie von zwei schwerverletzten Soldaten. Sie tippt die Nummer ihres Sohnes in ihr Handy, erreicht ihn nicht. In den Nachrichten heißt es, die beiden Soldaten stammten aus Zweibrücken. Um halb sieben klingelt es. Christine Gerlinger öffnet, drei Herren bitten, eintreten zu dürfen. Sie tragen Uniform, sie müssen nichts sagen. Christine Gerlinger weiß, was dieser Besuch zu bedeuten hat. Sie wankt nicht und schreit nicht. Sie fragt nur, was für Verletzungen ihr Sohn davongetragen habe. Schwere Verbrennungen, eine Fraktur, genauer wüssten sie es nicht, sagen die Soldaten.

Als die Sanitäter die Anschlagsstelle erreichen, winden sich Ebersoldt und Sauer am Boden, zwischen ihnen liegen abgerissene Körperteile des Selbstmörders. Aus den Augenwinkeln kann Ebersoldt einen Fuß erkennen. Es ist sein Fuß, doch dessen Position kommt ihm merkwürdig vor. Später wird er erfahren, dass sein Bein nur noch von ein paar Muskeln und Sehnen zusammengehalten wurde. Die Sanitäter müssen verhindern, dass Ebersoldt verblutet.

Das Dienstzimmer von Stabsfeldwebel Jan Johmann in Zweibrücken ist ein karger Raum: ein Schreibtisch, darauf ein Computer mit Bildschirm, ein Stuhl, Schränke. Er ist der „Spieß" der 4. Kompanie. Das Gros seiner Soldaten ist gerade in Afghanistan. Das Telefon klingelt. Zwei Soldaten seien in Kundus schwer verletzt worden, sagt der Mann am anderen Ende der Leitung. Jemand müsse die Angehörigen informieren, ehe die Medien darüber berichteten. Johmann bricht nach Fulda auf, zu den Eltern von Patrick Sauer.

Eine Stunde nach dem Anschlag landet der Hubschrauber. Ebersoldt und Sauer sind dem Tode nahe, als er sie ins Lazarett der Bundeswehr in Mazār-i Scharif fliegt. Ihre teilweise verbrannten Körper sind von Splittern übersät, viele Knochen gebrochen. Die behandelnden Ärzte sind gut, erfahrene Chirurgen, sie entfernen Splitter und durchtrennen verbrannte Hautschichten. Das ist wichtig, um das Gewebe darunter zu entlasten, geschwollene Hautschichten könnten Blutgefäße, Muskeln und Nerven zerquetschen.

Stabsfeldwebel Jan Johmann erreicht Fulda, klingelt an der Wohnungstür der Familie Sauer. Patricks Großvater öffnet, die Eltern sind nicht da. Johmann berichtet von dem Anschlag, er wisse nicht, ob Patrick durchkomme. Der Opa hört zu. Dann kommt die Mutter heim, reagiert ruhig und gefasst. Ihr Sohn hatte gesagt, sein Einsatz sei gefährlich. Zwei Stunden später verlässt Johmann die Wohnung.

Dr. Erwin Kollig leitet die Abteilung für Unfallchirurgie und Verbrennungsmedizin am Bundeswehrkrankenhaus Koblenz. Er hat die meisten der bisher gut 70 in Afghanistan schwer verwundeten Soldaten behandelt. Patrick Sauer und Michael Ebersoldt treffen zwei Stunden nach Mitternacht in Koblenz ein, eine Operation folgt auf die nächste, mehr als zwei Monate lang. Auf „unter 50 Prozent" schätzt Kollig die Überlebenschancen von Michael Ebersoldt ein. Vielleicht lägen sie etwas höher, wenn er das schwer verletzte Bein amputiert. Das Risiko, dass sich eine Wunde infiziere und den Körper vergifte, sei hoch. Sehr hoch. Dennoch entschließt sich Kollig, mit der Amputation noch zu warten. Ebersoldt ist robuster, als er aussieht. Doch dann trifft ein, was Kollig befürchtet hat: ein Keim. Die großen Wunden der beiden Soldaten sind der perfekte Nährboden. Antibiotikum auf Antibiotikum, keines wirkt. Der Zustand der beiden jungen Männer verschlechtert sich. Sauers Leber droht zu versagen. Die Ärzte greifen zum letzten Mittel, zu einem Antibiotikum, dessen Wirksamkeit noch nicht abschließend klinisch nachgewiesen ist. Sie haben Glück: Das Medikament wirkt.

Nach 24 Tagen erwacht Michael Ebersoldt aus dem Koma. Organe und Stoffwechsel funktionieren eigenständig. „Sie sind in Deutschland", erklärt ihm eine Stimme. „Sie sind im Bundeswehrkrankenhaus Koblenz. Sie sind in Sicherheit." Was erzählt der? Ich bin nicht in Koblenz, ich bin in Kundus, denkt Ebersoldt und schüttelt den Kopf. „Sie sind in Koblenz. Sie sind in Sicherheit", wiederholt der Pfleger. Ebersoldt kann ihn nicht sehen, seine Augen sind zugeschwollen. Nach einer Weile kann er seine Gedanken in Worte fassen: „Nein, ich bin in Kundus", sagt er. Er merkt, dass noch jemand im Zimmer steht. „Hallo, mein Großer, endlich bist du wieder bei uns“, sagt seine Mutter. Was macht meine Mutter in Kundus, fragt er sich und schläft wieder ein.

Am 4. Oktober 2008 wird Michael Ebersoldt 23 Jahre alt. 40 Operationen liegen hinter ihm. Er werde lange Gehhilfen benötigen, teilen die Ärzte ihm mit, doch diese Diagnose trägt Michael Ebersoldt mit Fassung. Er lebt und ist froh, sein Bein behalten zu haben. Dr. Erwin Kollig hatte recht: Ebersoldt ist robuster, als er aussieht. Es war richtig, das Bein nicht zu amputieren. Am Nachmittag fordern die Pfleger ihn auf, ein anderes Zimmer zu beziehen. Er solle schon mal vorgehen. Michael Ebersoldt öffnet die Tür zum neuen Zimmer, Girlanden hängen an der Decke, Kerzen, Kuchen und Kaffee stehen auf dem Tisch. „Herzlichen Glückwunsch“, singt ein Chor aus vielen Kehlen. Diese Geburtstagsfeier mit so vielen vertrauten Menschen ist eine Überraschung. Ebersoldt ist überwältigt.

17 Tage später verlässt Patric Sauer die Intensivstation. Jan Johmann besucht ihn. „Hey, Spieß, ich bin heute eine Treppenstufe heraufgestiegen.“ Sauers Leber versagt immer häufiger. Die Ärzte raten zu einer Transplantation. Er schmiedet dennoch Pläne. Er will im Militär bleiben und verwundeten Soldaten helfen. Kurz vor Weihnachten 2008 wird er aus dem Krankenhaus entlassen. Es ist eine vorübergehende Auszeit: Explosionswunden müssen über Jahre hinweg immer wieder behandelt werden. Am 7. Juli 2009 besucht Verteidigungsminister Franz Josef Jung das Fallschirmjägerbataillon in Zweibrücken. Patric Sauer meldet sich zum Dienst. Es geht ihm schlecht, seine Haut ist gelb. Er wartet auf ein Spenderorgan. An diesem Tag sieht er seine Kameraden zum letzten Mal.

Im September wird er in die Uni-Klinik Mainz eingeliefert. In der Nacht vom 3. auf den 4. Oktober 2009 stirbt Patric Sauer an Organversagen, an den Spätfolgen des Anschlags. Er ist der 19. Gefallene in Afghanistan. Michael Ebersoldt wird an jenem Tag 24 Jahre alt und kann ohne Krücken gehen. „Schicksal“, sagt er. Er ist inzwischen Berufssoldat.

Die letzte Nachricht

Es ist noch früh am Morgen, als ein Offizier kreidebleich ins Büro von Jürgen Natter tritt. Natter führt den 4. Zug der 4. Fallschirmjäger-Kompanie in Zweibrücken, seine Soldaten kämpfen in Kundus gegen die Taliban. Der Offizier stockt immer wieder. „Mischa Meier ist bei einem IED-Anschlag schwer verwundet worden", bringt er mühsam heraus. Natter kann es nicht glauben. Mischa Meier ist nicht nur sein Stellvertreter, er ist auch ein Freund. Das Telefon des Offiziers läutet. Schweigend hört er zu. „Mischa hat es nicht geschafft. Er ist tot." Stille. Zwei Soldaten kämpfen mit den Tränen. Meier ist der erste Gefallene des Bataillons. „Wir müssen die Angehörigen informieren", sagt Natter. „Ich bin sein Vorgesetzter. Es ist meine Pflicht. Ich werde es seiner Freundin sagen."

Mischa Meier war 29 Jahre alt und wohnte mit seiner Freundin in Zweibrücken. Sie arbeitet als Lehrerin an einer Grundschule, Natter weiß nur nicht, an welcher. Er telefoniert die neun Schulen in der Umgebung ab. Einer der Direktoren versteht sofort, worum es geht. Die beiden vereinbaren eine Begegnung auf dem Schulhof. Natter legt auf, ruft den Truppenarzt und den Militärpfarrer an und bittet sie, ihn zu begleiten. Allein wird er das nicht schaffen, das ahnt er.

Sie fahren los, es ist nicht weit. Der Arzt will sich im Hintergrund halten, nur eingreifen, falls es medizinisch notwendig wird. Natter ist aufgewühlt, doch fest entschlossen. „Ich bin es Mischa schuldig", sagt er sich, „selbst, wenn es mich innerlich zerreißen sollte".

Er hat keine Vorstellung, wie es sein würde, Mischas Freundin gegenüberzustehen. Er will menschlich sein, nicht mechanisch.

***Kundus,** rechtzeitig entdeckte, von den Taliban gebaute sogenannte Improvisierte Sprengsätze (IED)*

Etwas Persönliches sagen, keinen formalen Spruch aufsagen wie die Amerikaner, wenn sie die Todesnachricht überbringen.

Gemeinsam mit dem Direktor steht die junge Frau auf dem Schulhof, die Arme vor der Brust verschränkt. Der Wagen fährt vor, Jürgen Natter steigt aus. Der Arzt und der Pfarrer halten sich hinter ihm. Es sind einige Meter zu gehen, wie in Zeitlupe nimmt er sie wahr. Er sieht ihr ins Gesicht, wie es sich verändert. Sie weiß, wenn Natter sie aufsucht, muss etwas passiert sein. Er bleibt vor ihr stehen, sie wankt und weint bereits. Dann sagt er nur einen Satz. „Mischa ist verstorben." Die grellen Schreie wird Natter nie vergessen. Sie klammert sich an ihn, quetscht seine Hände, schlägt auf ihn ein. „Warum?", „Warum Mischa?", „Wozu?", „Wofür?" Natter sagt, es tue ihm leid, unendlich leid. Sie reißt sich los, der Arzt und der Pfarrer treten näher, stützen sie, reden ihr beruhigend zu und begleiten sie ins Schulgebäude. Natter steckt sich eine Zigarette an. Er fühlt sich kaputt. Er kann es nicht aufhalten. Er weint.

ZWISCHENFAZIT

2008

Einsatz ohne Strategie

Mazār-i Scharif,
von den Amerikanern gelieferte Humvees der afghanischen Armee

Im Jahr 2008 fielen in Afghanistan erstmals mehr westliche Soldaten als im Irak. Gegen wen kämpften die Truppen? Wer waren die Taliban? Unter dieser Bezeichnung sammelten sich nicht mehr nur die Koranschüler aus Pakistan. Die Taliban rekrutierten sich aus allen Volksgruppen, auch im deutschen Einsatzgebiet.

Als die Bundeswehr nach Kundus kam, hatte sie angenommen, die Region sei immun gegen die Taliban. Die Bewohner, oft Tadschiken und Usbeken, hatten sich wiederholt gegen die paschtunische Vorherrschaft gewehrt. Doch das war ein Fehlurteil. Die Taliban nutzten die wachsende Unzufriedenheit der Menschen. Wie schon zu Sowjetzeiten verfing eine populäre Erzählung: „Unser Land ist von Ausländern besetzt. Sie bedrohen uns und den Islam." Die Taliban integrierten tadschikische und usbekische Kämpfer, übertrugen ihnen Verantwortung, gaben ihnen Macht. Ende 2008 berichteten die Vereinten Nationen von bis zu 2.200 bewaffneten Banden in Afghanistan mit mehr als 200.000 Kämpfern und 3,5 Millionen Gewehren. Die Bundeswehr geriet immer stärker in Bedrängnis, sie bekam die Lage nicht in den Griff. Warlords griffen ein und schickten ihre Milizen gegen die Taliban. Immer öfter klagten die Menschen über raubende und mordende Banden, über Willkür und Gesetzlosigkeit. Sie waren zwischen die Fronten geraten.

Die bedrohliche Situation in Afghanistan offenbarte eine große Schwäche des Westens: Er hatte keine Strategie. Die Amerikaner jagten noch immer Terroristen, teilweise gemeinsam mit Gruppen, die zugleich gegen die afghanische Regierung kämpften. Sie unterminierten damit ihre eigenen Bemühungen um Stabilität und Frieden in dem Land. Falsches Vorgehen, klagte die Bundesregierung, die amerikanische Rücksichtslosigkeit bringe die Afghanen gegen alle westlichen Truppen auf.

Damit hatte sie recht, aber was nützte das? Die Art und Weise, wie sie ihre Haltung vertrat, isolierte die Bundesregierung in der Allianz. In Afghanistan wurde ein grundsätzliches Problem der Berliner Außenpolitik sichtbar. Deutsche Politiker – und mit ihr die Mehrheit der Deutschen – glauben oft, ihre Vorstellungen von der Welt seien die einzig richtigen. Diese müsse man den anderen nur gut genug erklären, damit ihnen dies klar werde. Sie brüsten sich, aufgeklärter zu sein als die anderen, und meinen, sie seien moralisch überlegen. Kein Verbündeter lässt sich wie einen begriffsstutzigen Verwandten behandeln.

Die Regierung in Washington wischte die deutschen Bedenken beiseite. Sie forderte Gefolgschaft und fand sie bei einem Großteil der Nato-Mitglieder: bei den einen, weil diese überzeugt waren, dass Terroristen beseitigt werden müssten, bei den anderen, weil jene es sich mit den Amerikanern nicht verscherzen wollten. Um eine Lösung für Afghanistan aber ging es bei all dem nicht.

2009

Verheizt

Mazār-i Scharif,
afghanisches Militärlager „Camp Shaheen“

Es ist wieder so eine Nacht, in der ihn die Schlaflosigkeit peinigt, obwohl er todmüde ist. Mathias Huhn liegt auf seinem Bett, die Nacht hängt tief und schwer im Zimmer. So schwer, wie ihm der Krieg in den Knochen steckt. Er dämmert weg, sitzt wieder auf dem hinteren rechten Sitz seines „Dingo" auf einer Straße in Afghanistan. Sie fahren gerade aus Haji Amanullah hinaus, sie haben Gespräche mit den Einwohnern geführt, anderthalb Stunden waren sie dort. Viel Zeit für den Feind, einen Hinterhalt zu legen. „Wer steht, der stirbt", murmelt Huhn vor sich hin, als der „Dingo" anfährt. „Wer steht, der stirbt." Plötzlich eine Explosion. Der über zwölf Tonnen schwere gepanzerte Wagen hebt ab und landet wieder auf den Rädern, in der Kabine hat sich ein Staubvorhang gebildet. „Bombe! Bombe!" brüllt jemand. „Raus!" Huhn stößt die Tür auf, lässt sich herausfallen. Er presst die Waffe an die Schulter. Auf dem Feld vor ihm sieht er eine Gestalt in weißem Gewand. Er visiert sie an, der rote Punkt seines Zielfernrohrs tanzt auf dem Körper. Huhn zittert. Das muss der Triggerman sein, denkt er. Der Typ hat die Bombe gezündet.

Huhn drückt ab, ein Feuerstoß. Die Gestalt schlägt hin, das Gewand färbt sich rot. Huhn hastet weiter, hinter eine Mauer. Um ihn herum das Zischen von Raketen. Er hört die Schreie der Angreifer, „Allahu Akbar! Allahu Akbar!", „Allah ist groß! Allah ist groß!" Huhn verschießt seine Munition, die Angreifer hält das jedoch nicht auf. Sie metzeln einen nach dem anderen nieder. Huhn zieht die Pistole, und als auch das letzte Magazin leergeschossen ist, will er wegrennen. Doch die Knie versagen ihm, als klebten sie am Boden. Er zerrt an seinen Beinen, wirft sich vorwärts. Von hinten schließen sich zwei Hände um seinen Hals, ziehen ihn auf den Boden. Ein Bärtiger springt ihm auf die Brust. Huhn spannt sämtliche Muskeln an, packt den Arm, in dem der Mann das Messer hält. Er stemmt sich im Todeskampf mit aller Kraft dagegen, das Messer kommt seiner Kehle immer näher. Huhn presst, schreit und wacht schließlich brüllend neben dem Bett auf.

Der Schweiß perlt ihm von der Haut, mit geballten Fäusten geht Huhn ins Bad. Aus dem Spiegel blickt ihn ein erschöpftes Gesicht mit Schatten und schwarzen Augenhöhlen an. Mehr als 18 Monate dauert dieses Martyrium nun schon an. Nacht für Nacht dieselben Albträume. Huhn hat in Afghanistan gekämpft, im Frühjahr und Sommer 2009, als die Taliban angriffen, tagtäglich. Anderthalb Jahre später führt er diesen Krieg in seinem Kopf weiter, traumatisiert, der Kollateralschaden des Afghanistan-Kriegs.

So wie Mathias Huhn ergeht es immer mehr Soldaten, die vom Hindukusch zurückkehren. Er kann sein Leben an vier Daten festmachen: geboren 1988 in Karlsruhe, mit 15 Jahren das Elternhaus verlassen, mit 18 Jahren zur Bundeswehr, mit 21 Jahren nach Afghanistan, 2. Kompanie Panzergrenadierbataillon 391 Bad Salzungen, Ankunft in Kundus im Februar 2009. Bald darauf kam der Frühling und mit ihm der Tod. Huhn erinnert sich genau: Es war der 29. April, an dem Sergej Motz verstarb. Das Geschoss hatte die Hintertür seines Panzers durchschlagen und war im Oberkörper von Motz steckengeblieben.

Dann der 7. Juni, an dem die Bombe unter seinem „Dingo" explodierte. Es war ein in Afghanistan hundertfach erprobter Hinterhalt gewesen: Erst sprengten die Taliban ein Fahrzeug in die Luft, dann griffen sie an und nutzten die Konfusion un-

Mazãr-i Scharif,
brasilianisches Kampfflugzeug „Super Tucano“ der afghanischen Armee

ter den Soldaten, die ihre Verwundeten bergen wollten und sich zugleich verteidigen mussten. Am 7. Juni hatte es nicht geklappt, jenes Mal waren die Soldaten unverletzt aus dem „Dingo“ gestiegen, hatten gekämpft und getötet.

Doch das Glück bleibt Huhn nicht hold. Während eines Angriffs Mitte Juni stürzt ein Transportpanzer in einen tiefen Kanal, als der Fahrer den Raketen ausweicht. Drei Soldaten können sich aus dem Fahrzeug befreien und auftauchen, drei weitere werden eingeklemmt und ertrinken. Die Taliban konzentrieren ihr Feuer auf die Unfallstelle. Huhn erhält den Befehl, den Kameraden mit den Soldaten seines Zuges zu Hilfe zu kommen. Aus dem Schutz einer Mauer heraus verschießt er die Patronen seines Magazins. Als er es wechselt, fällt sein Blick auf den Leichnam eines Soldaten aus dem versunkenen Transportpanzer. Er liegt auf dem Weg, ganz nah bei ihm, Huhn hat ihn im Kampf gar nicht bemerkt. Das Wasser tropft aus dessen Uniform und versickert im Staub. Huhn blickt ins gedunsene Gesicht des Toten, die Haut schimmert lila. Huhns leeres Magazin fällt aus dem Schacht, während er ein neues greift, haftet sein Blick wie paralysiert an der Leiche.

Nachts kehren sie ins Feldlager zurück, drei Tote, „ersoffen“, wie Huhn es umschreibt, als würde dies etwas ändern. Die Soldaten sind wütend. Sie haben den bevorstehenden Angriff geahnt und das Gebiet räumen wollen, doch die Offiziere in der Operationszentrale haben abgelehnt. Nun liegen die Nerven blank. „Die haben meine Jungs auf dem Gewissen“, zürnt ein Soldat. Er marschiert los, sein Ziel ist die Operationszentrale. „Die bring‘ ich um!“ Seine Kameraden überwältigen ihn, nehmen ihm die Pistole ab. An diesem Abend hat Mathias Huhn genug vom Krieg. „Ich mach' nicht mehr mit", sagt er zu seinem Vorgesetzten. „Ich lass' mich nicht von Leuten verheizen, die nicht wissen, was da draußen los ist!" Andere Soldaten folgen ihm, auch sie wollen nicht mehr.

An diesem Punkt steht Mathias Huhn heute noch. „Ich kann nicht mehr", sagt er und knetet mit seiner rechten die linke Hand. Mit diesen Händen habe er 23 Menschen erschossen und jeden einzelnen notiert. „Sie haben uns angegriffen, wir waren im Recht." Doch nach seiner Heimkehr hat er gespürt, dass etwas nicht stimmt. Er fühlte sich fremd, allein. Alles um ihn herum begann zu schwanken, geriet außer Kontrolle. Bei Pfeiftönen warf er sich hinter Mauern. Seine Freundin wurde ihm egal, seine Kumpels wurden es auch. Früher ließ er keine Party aus, nun wollte er nicht mehr leben. Bratengerüche erinnern ihn an Afghanistan. Dort roch es oft nach Grillfleisch. Flashbacks. Er sitzt selbstvergessen am Tisch, die Ellbogen aufgestemmt, stiert ins Nichts. In diesen Momenten kämpft er an der Mauer gegen die Rebellen, wenige Meter vom versunkenen Panzer entfernt.

Die Erinnerungen kommen schubweise, plötzlich, heftig. Huhn braust auf, schlägt um sich. „Die Freund-Feind-Kennung funktioniert in solchen Augenblicken nicht", sagt er. Auf Spaziergängen in der Heide zieht er plötzlich Schützengräben und überlegt, wo er das Maschinengewehr positionieren würde, wo den Granatwerfer. Im August 2009 geht Huhn zum Arzt. Posttraumatisches Belastungssyndrom. Der Arzt weist ihn ins Bundeswehrkrankenhaus Koblenz ein, Abteilung Psychiatrie. Er ist einer von mehreren tausend Soldaten, die mit ihren Erlebnissen nicht klarkommen. Eine Erkrankung der

Seele, eine Krankheit, die bleibt. Die Soldaten müssen lernen, damit klarzukommen. Mathias Huhn fällt das schwer. Er nimmt Medikamente. Psychopharmaka. Die Bundeswehr habe ihn „geil gemacht auf den Krieg“, sagt er. Heute will er sein altes Leben zurück. Das hat er in Afghanistan verloren.

Neustart –
den Menschen zuhören

Barack Obama will alles anders machen in Afghanistan. Die westlichen Truppen sollen die Menschen beschützen, vor den Taliban, vor den Drogenbaronen, vor den Terroristen, vor der Gewalt, sagt der neue US-Präsident. Die Soldaten sollen die Freunde der Afghanen sein, nicht deren Feinde. Freunde werfen keine Bomben, töten keine Unschuldigen. Sie sprechen miteinander, verstehen und vertrauen einander. Geht raus aus den Camps! Geht zu den Menschen! So will es Obama. Eine Offensive der Herzen. Ein Neustart. Neue Hoffnung für Afghanistan. Hoffnung auf Frieden.

Die Suche nach dieser neuen Hoffnung beginnt an einem Tag im Mai 2009 auf dem Kabuler Flughafen. Auf dem Fußboden liegen US-Soldaten, Neuankömmlinge, den Kopf auf dem Rucksack, die Waffe an die Wand gelehnt. Sie rauchen und warten darauf, dass es weitergeht. Tagtäglich kommen Hunderte Marines und Heeressoldaten in Afghanistan an. Die Amerikaner haben eine gewaltige Maschinerie in Gang gesetzt, viel größer als alles bisher am Hindukusch. Innerhalb weniger Wochen fliegt die U.S. Air Force 22.000 zusätzliche Soldaten ein, am Ende des Jahres werden mehr als 60.000 US-Soldaten in Afghanistan sein. „Ja, wir haben Fehler gemacht. Doch nun lasst uns gemeinsam versuchen, Frieden zu schaffen!“ Kein Zweifel, die Amerikaner meinen es ernst.

Wie kam es dazu? Camp Eggers, ein Militärstützpunkt der Vereinigten Staaten in Kabul, ganz in der Nähe der US-Botschaft und des afghanischen Präsidentenpalastes, benannt nach Captain Daniel W. Eggers, einem am 29. Mai 2004 in der Nähe von Kandahar durch eine improvisierte Sprengladung getöteten US-Soldaten. Generalmajor Richard P. Formica begrüßt überschwänglich. „Schön, Sie zu sehen. Wie war die Fahrt? Wollen Sie einen Kaffee?" Er redet im Stakkato eines Maschinengewehrs, hört nicht auf, er hat viel zu sagen. Seine Presseoffizierin schaut genau, was sein Gegenüber mitschreibt. „Haben Sie das?" fragt sie immer wieder. „Haben Sie das?" Formica kommandiert das Combined Security Transition Command Afghanistan, so etwas wie das Herzstück des neuen westlichen Friedensversuchs im Land. Dem Kommando gehören mehrere tausend amerikanische Soldaten an. Sie sollen dafür sorgen, dass der Aufbau von Armee und Polizei in Afghanistan schneller vorankommt, für Formica der Schlüssel zum Frieden.

Damit sein Gast dies versteht, erzählt er von einem Buch, das ihm die Augen für Afghanistan geöffnet habe: „Three Cups of Tea", die Autobiografie des amerikanischen Bergsteigers Greg Mortenson. Beim Versuch, 1993 den K2 im Karakorum zu besteigen, verletzt sich Mortenson schwer und wird von den Einwohnern des Bergdorfes Korphe an der afghanisch-pakistanischen Grenze gerettet und gesundgepflegt. Aus Dankbarkeit verspricht er, in dem Ort eine Schule zu bauen. Gebildete Kinder, so erklärt er den Ältesten, könnten leichter der Armut entfliehen. Die Welt sei im Wandel, das Dorf müsse sich mit wandeln. Doch das Dorf will nicht. Sie sagen, wo es langgeht, erklären die Ältesten, sie sagen, was in der Schule gelehrt wird. Wandel ja, aber in ihrem Tempo. „Manchmal ist es besser, den Bergen zuzuhören", sagen die Ältesten. „Sie sind schon ewig hier. Sie wissen, wie die Dinge laufen."

General Formica hat seine Schlüsse aus der Lektüre des Buches gezogen: „Es ist falsch, den Afghanen ein Gesellschaftssystem, eine Politik aufzudrücken, die sie nicht wollen. Das erzeugt nur Widerstand." Präsident Obama sehe das genauso, erklärt er. Die amerikanischen Soldaten sollen den Afghanen zuhören, ihre Erfahrungen und Kultur, ihre Sitten und Gebräuche anerkennen. Das sei der Schlüssel zu den Herzen und Köpfen. Schluss mit den Freund-Feind-Mustern der Bush-Ära. Wer nicht für uns ist, ist gegen uns. So war es bei Bush. Jetzt gilt: Wir machen sie uns so, dass sie für uns sind. Keine Bombardements und Gefechte mehr, bei denen Zivilisten getroffen werden könnten. So wollen die Amerikaner jetzt vorgehen. Und das erwarten sie auch von ihren Verbündeten. „Jeder Versuch, Aufständische zu bekämpfen, muss lokal ansetzen", sagt der Kommandeur der westlichen Truppen, Stanley McChrystal. „Man muss die Dynamik, den Charakter, die Gebräuche, das System, die Traditionen jedes Orts verstehen."

Ethnologen, Anthropologen, Kulturwissenschaftler, das müssten die Soldaten sein, um McChrystals Order umzusetzen. Doch das sind sie nicht. Sie können Waffen bedienen und Bomben entschärfen, aber nicht die Machtverhältnisse in einem afghanischen Dorf durchblicken. Deshalb machen sie das, was sich im Kampf gegen eine Untergrundbewegung selten bewährt: Sie verbünden sich mit staatlichen Sicherheitskräften. Keine Patrouille, keine Operation, kein Gespräch mit Einwohnern ohne afghanische Soldaten oder Polizisten. Jetzt sollen die Afghanen Krieg gegen die Taliban führen. Das hört sich plausibel an, hat aber einen Haken: Was ist, wenn die Menschen gar nicht von den ausländischen Truppen beschützt werden wollen? Und auch nicht von den afghanischen Polizisten und Soldaten? Was ist, wenn sie mit der Regierung in Kabul nichts zu tun haben wollen, mit Dieben und Kriminellen auf Ministerposten und in Gouverneurspalästen, die ihre Millionen in

Villen und Immobilienfonds im Ausland investieren? Was ist, wenn die Taliban inzwischen fester Teil der Bevölkerung in den Städten und Dörfern sind und die neue Strategie des Westens nur noch mehr Widerstand erzeugt? Was ist, wenn der vom Westen deklarierte Neustart nur ein Täuschungsmanöver ist? Wenn der Westen längst weiß, dass er diesen Krieg nicht gewinnen kann und ihm die neue „Strategie" nur dazu dient, schnellstens aus Afghanistan herauszukommen? Und was ist, wenn Taliban und afghanische Bevölkerung dies längst erkannt haben?

Mazār-i Scharif,
Ehrenhain für die Gefallenen im Feldlager der internationalen Truppen

Der Tanklaster - ein deutsches Desaster

„Willkommen im Kessel!" So begrüßen Soldaten die Neuankömmlinge in Kundus. Der Sommer 2009 geht zu Ende, die Taliban beherrschen die Randbezirke der Stadt. Kundus ist umzingelt. In Chahar Darreh, zehn Kilometer vom deutschen Feldlager entfernt, richten die Taliban einen Ältesten hin. Er soll für den Geheimdienst gearbeitet haben. Sie verbieten, den Leichnam beizusetzen, ein Frevel, ein Muslim muss innerhalb von 24 Stunden begraben werden. So viel Macht haben die Taliban bereits wieder.

Der Krieg verändert sein Gesicht. Mittlerweile bekämpfen die Taliban nicht mehr primär die westlichen Truppen. Die Ausländer sind müde vom Krieg, sie werden nicht ewig bleiben, so viel steht fest. In Amerika, Deutschland und Großbritannien fragen sich die Menschen zunehmend, wofür ihre Soldaten in Afghanistan eigentlich sterben. Das können die Taliban täglich in den Nachrichten sehen. Entscheidend für sie ist jetzt, zu zeigen, dass die afghanische Regierung schwach ist. Dass sie die Einwohner nicht schützen kann. Dazu müssen sie Soldaten und Polizisten bekämpfen, afghanische Soldaten und Polizisten. Dabei arbeiten sie mit allen Mitteln. Sie erbeuten Uniformen und Streifenwagen und geben sich als Polizisten aus, sodass bald keiner mehr weiß, wer echter und wer falscher Polizist ist. Traue keinem Polizisten, es könnte ein Taliban sein. Für die deutschen Soldaten ist das kein Spruch, sondern Überlebensgarantie. Die neue „Strategie" der vertrauensvollen Partnerschaft mit den Afghanen droht zu scheitern, noch ehe sie umgesetzt werden kann.

Am 25. August 2009 entführen Taliban in Kandahar einen Tanklastwagen und sprengen ihn vor dem Gebäude einer japanischen Hilfsorganisation in die Luft. 39 Menschen werden getötet und 64 verletzt. Nachrichtendienste warnen vor ähnlichen Anschlägen auf die Feldlager der Bundeswehr. In Kundus ist die Lage außer Kontrolle, die Soldaten eilen von einer Front zur nächsten, setzen Schützenpanzer „Marder" ein. Die Taliban sind immer besser ausgerüstet, ihre aus 30 bis 50 Männern bestehenden Gruppen kampferprobt. Gemeinsam mit freiwillig oder erzwungen mitkämpfenden Bauern erreichen ihre Verbände die Stärke einer deutschen Kompanie, 150 Soldaten.

Die Nacht vom 3. auf den 4. September 2009 stellt eine Zäsur in der deutschen Sicherheitspolitik dar. Es ist Abend, als der Kommandeur des Provincial Reconstruction Teams (PRT) in Kundus, Oberst Georg Klein, eine Nachricht erhält. Er berät sich gerade mit Offizieren. Taliban haben in der Nähe zwei Tankwagen entführt. Klein ist kein Haudrauf, er wägt ab, bevor er entscheidet. Er kennt die Warnungen der Geheimdienste. Ihm droht das Kandahar-Szenario. Die Taliban wollen die Tankwagen verstecken. Sie zwingen deren Fahrer, eine Furt durch den Kundus-Fluss zu durchqueren, doch die Fahrt endet im Schlamm. Die wütenden Taliban erschießen einen der Fahrer und schicken Boten in die umliegenden Dörfer. Deren Einwohner sollen mit Gefäßen kommen, um die Tankwagen leichter zu machen, und die Lkw anschließend mit ihren Traktoren aus dem Fluss ziehen. Das ist der Plan der Taliban. Männer, Jugendliche und Kinder machen sich daraufhin mit Eimern und Kanistern auf den Weg.

Gegen 21.15 Uhr überfliegt ein B-1B-Langstreckenbomber der US-Luftwaffe die Gegend, dessen hochauflösenden Bildsensoren und Wärmebildkameras auch bei Dunkelheit Zieldaten von einer Qualität liefern, als sei es helllichter Tag. Die Piloten brauchen allerdings jemanden am Boden, der ihnen sagt, wohin die Kameras schauen sollen. Dieser Mann am Boden ist Oberfeldwebel Markus Wilhelm, Codename „Red Baron 20". Auf seinen Bildschirm in der Gefechtszentrale der Task Force 47 werden die Bilder des Flugzeugs übertragen. Zu dieser Spezialeinheit gehören auch mehrere Dutzend Soldaten des deutschen Kommandos Spezialkräfte (KSK). Wilhelm bittet die Besatzung des amerikanischen Bombers, die Tanklaster zu suchen.

Bald kreist das Flugzeug über der Furt, der Lärm der vier Triebwerke dringt bis ins sechs Kilometer entfernte Feldlager. Georg Klein kann im Gefechtsstand die Bilder von den Tankwagen sehen. Ein Offizier der Task Force, ein Soldat des KSK, telefoniert mit einem einheimischen Informanten. Der Informant sagt, er halte sich in der Nähe der Furt auf. Er könne sehen, was dort passiere. Der Informant gilt zwar als vertrauenswürdig, ob seine Angaben aber zutreffen, wissen die Soldaten nicht sicher. „Herr Oberst, bei den Personen handelt es sich um eine größere Anzahl von Aufständischen", teilt der KSK-Offizier Georg Klein mit. „Wir haben vier Führer mit ihren Gruppen sowie ausländische Kämpfer identifiziert." Die B1-Besatzung könne sogar die Gewehre und Panzerfäuste in den Händen der Personen am Boden erkennen, ergänzt Fliegerleitfeldwebel Markus Wilhelm. „Wie viele Personen sind da unten zu sehen?" fragt Georg Klein. „Etwa 70", antwortet Wilhelm.

Klein genügen diese Informationen nicht, um den B-1-Piloten den Angriffsbefehl zu geben. Er will sicher sein. Der KSK-Offizier solle sich von seinem Informanten an der Furt noch einmal detailliert die Szenerie vor Ort beschreiben lassen. Das

Kabul, *verbarrikadiertes Regierungsviertel, Sichtschutz aus Moleskin, Stacheldraht auf Explosionsschutzwänden, davor ein Mann, der Zierfische in Tüten verkauft*

Gespräch führt ein Dolmetscher, mit dem der KSK-Offizier den Raum verlässt. Klein hört nicht, worüber die beiden mit dem Informanten reden. Er kennt weder den Informanten noch den Dolmetscher, er kennt nur den KSK-Offizier. Er muss darauf vertrauen, dass dieser ihm die Wahrheit sagt. Auch diesmal stimmen die Angaben des Informanten mit den Aufnahmen auf dem Monitor überein. Klein gewinnt den Eindruck, dass der Spitzel einen guten Blick auf die Stelle hat, an der die Tankwagen festsitzen. Sicher ist er sich aber immer noch nicht.

Er geht seine Handlungsoptionen durch: Er könnte die Taliban mit Bodentruppen angreifen. Doch die Furt ist schwer zu erreichen, sie müssten durch Dörfer, über verminte Straßen. Auch vor Hinterhalten wären sie nicht gefeit, Verluste wären in diesem Szenario programmiert. Alternativ könnte er eine afghanische Kompanie oder die Polizei anfordern. Doch das würde zu lange dauern. Also bleiben ihm nur Aufklärungsdrohnen. Sie würden ihm jedoch kaum andere Bilder liefern als die B-1.

Da dem B-1-Bomber allmählich der Treibstoff ausgeht, dreht er ab, und Markus Wilhelm bittet die Fliegerleitzentrale in Kabul um ein anderes Flugzeug. „Luftunterstützung wäre möglich, wenn wir aufgrund unmittelbarer Bedrohung einen TIC erklären", antwortet die Fliegerleitzentrale. So erzählt es Wilhelm seinem Vorgesetzten Georg Klein. TIC ist das Akronym für „Troops in Contact", für Feindkontakt. Die Anwesenden im Gefechtsstand sind sich einig, die Einsatzregeln so auszulegen, als stünden eigene oder afghanische Soldaten im Kampf. Wilhelm funkt nach Kabul: „Troops in Contact!" Es ist eine Lüge.

Nachts um 1:10 Uhr treffen zwei US-amerikanische F-15-Kampfflugzeuge ein. Die Einsatznamen ihrer Piloten lauten „Dude 15“ und „Dude 16“. Klein geht davon aus, die Piloten wüssten, dass der „TIC“ aufgrund der allgemeinen Bedrohung erklärt wurde. Mehrfach fragen die Piloten nach, ob die Deutschen sicher seien, dass sich keine Zivilisten bei den Tankwagen aufhalten. Markus Wilhelm bejaht. Dennoch regen die Piloten an, das Flussgebiet im Tiefflug zu überqueren. Vielleicht bekämen es die Taliban dann mit der Angst zu tun und würden fliehen. Georg Klein lehnt ab: Schließlich würden die Rebellen die Flugzeuge seit Stunden hören und wüssten, dass Kampfjets über ihnen sind. Die Piloten haben immer noch Zweifel. Vier Mal fragen sie nach, ob sie nicht doch einen Überflug machen sollten. Doch Klein ist entschlossen, die Tankwagen zu zerstören. Die Menschen an der Furt hält er für ein legitimes militärisches Ziel, obwohl er nicht sicher sein kann, dass es wirklich ausschließlich Taliban sind. Er weist Wilhelm an, mit den F-15-Piloten den Angriff zu besprechen. Er handelt allein, weder ruft er seinen Vorgesetzten in Mazãr-i Scharif noch im Hauptquartier in Kabul an. Er will sich nicht „nach oben“ absichern.

„Was genau wollen Sie treffen?“ fragen die Piloten. „Die Menschen oder die Tanklastwagen?“ – „Sie sollen oben bleiben und bombardieren!“ antwortet Klein. Etwa um 1:40 Uhr gibt er den Befehl, zwei lasergelenkte 227 Kilogramm schwere GBU-38-Bomben abzuwerfen. „Dude 15“ fliegt von Norden an, „Dude 16“ sichert ihn. Die Taliban können den Angriffsbeginn hören, da die Triebwerke der zweistrahligen F-15 Eagle dabei besonders laut sind. Die Taliban wissen sofort, was das bedeutet, und fliehen auf zwei Pick-ups vom Ufer. Das ist auf dem Monitor im

Gefechtsstand zu sehen. Um 1:49 Uhr folgen zwei gewaltige Explosionen kurz aufeinander. Die Soldaten in der Gefechtszentrale sehen auf dem Bildschirm Schemen einer riesigen Rauchwolke über dem Fluss. Beklemmendes Schweigen. Betretene Blicke. Sie haben gerade Dutzende Menschen töten lassen. Es ist die höchste Zahl von Opfern bei einem Einsatz in der Geschichte der Bundeswehr. Um 2:15 Uhr kreisen die F-15 ein letztes Mal über der Furt. Der Explosionsrauch hat sich verzogen, am Boden Tote und Schwerverletzte. Fliegerleitfeldwebel Markus Wilhelm schätzt die Zahl der Opfer auf 56. Er geht davon aus, dass etwa 80 Prozent der Personen im Umfeld der Explosion getötet wurden. Der Informant meldet sich und berichtet von 70 Toten, ausnahmslos Taliban.

Georg Klein lässt die „Vorfallsmeldung 001" anfertigen und an den Gefechtsstand des Regionalkommandos in Mazār-i Scharif schicken. Darin beschreibt er in wenigen Sätzen, was geschehen ist. Wie viele Menschen genau umgekommen sind, lässt er nicht ermitteln. Weder sichert er Spuren, noch schickt er ein Untersuchungsteam zur Furt. Die Einsatzregeln verlangen dies nur, falls zivile Opfer nicht auszuschließen sind. Klein dagegen geht davon aus, nur Taliban getötet zu haben. Ein gewaltiger Irrtum. Die UNO berichtet von 109 Toten und 33 Verletzten, die afghanische Regierung von 94 Toten, davon 30 Zivilisten. Der Distriktchef von Chahar Darreh meldet 82 Tote und 16 Verletzte. Im Untersuchungsbericht der internationalen Truppen ist von 17 bis 142 Toten die Rede.

Gegen drei Uhr verlässt Georg Klein den Gefechtsstand und geht zur Feldlagerkapelle. Vor dem Kreuz auf dem Altar kniet er nieder und betet.

ZWISCHENFAZIT

2009

Zäsur der deutschen Sicherheitspolitik

***Kundus,** deutsche Soldaten in einem Hubschrauber auf dem Weg nach Mazār-i Scharif*

Im Luftangriff bei Kundus zerplatzt eine deutsche Lebenslüge. Politik und Gesellschaft in Deutschland hatten gehofft, sich aus allen kriegerischen Konflikten dieser Welt heraushalten zu können. Doch die Hoffnung, von anderen in Frieden gelassen zu werden, ist allein noch keine schlüssige Friedensstrategie. Nie vor der Katastrophe von Kundus und nie seither hat ein deutscher Kommandeur einen Befehl von vergleichbarer Tragweite gegeben. Der Tod Dutzender Menschen, darunter eine unbekannte Anzahl von Zivilisten, beschäftigte über Jahre Politik, Justiz, Medien und Militär in Deutschland. Klein verstieß mit seinem Befehl gegen die Einsatzregeln. Falls Unbeteiligte getroffen werden könnten, hat ein Bombardement zu unterbleiben. So hatte es der Kommandeur der internationalen Truppen vorgegeben.

Die deutsche Politik war uneins darüber, wie es weitergehen sollte. Der neue Verteidigungsminister Karl-Theodor zu Guttenberg meinte, die Bundeswehr werde die Gebiete um Kundus zurückerobern. Außenminister Guido Westerwelle widersprach: Nicht der militärische Kampf, sondern der zivile Aufbau müsse absoluten Vorrang haben. Das war eine hohle Phrase, denn in all den Jahren ihres Afghanistan-Einsatzes hatte die Bundesregierung nie mehr als ein paar Dutzend Diplomaten und Verwaltungsexperten, Juristen und Polizisten an den Hindukusch geschickt. Wie hätten so wenige Fachleute einen substanziellen Beitrag zum Aufbau eines Staatswesens leisten können? Es waren Soldaten, die retten sollten, was nicht zu retten war. Sie gerieten in einen Krieg, in dem sie Bauern von Taliban unterscheiden sollten. In dem sie Soldaten und Polizisten beraten und trainieren sollten. In dem sie helfen sollten, Schulen und Straßen zu bauen. Das war unmöglich.

Das ist nicht die Aufgabe von Soldaten. Den Politikern in den westlichen Hauptstädten war das völlig klar. Schließlich wollten sie nur noch mit einem blauen Auge davonkommen. Um ihre Abzugsverhandlungen aus einer besseren Ausgangsposition heraus führen zu können, mussten die Taliban zuvor in die Defensive gedrängt werden. Also plante der Westen eine letzte große Kraftanstrengung. Es galt, den Krieg zu intensivieren, um Frieden schließen zu können.

Und Georg Klein? Gegen ihn ermittelte die Bundesanwaltschaft mit dem Ergebnis, der Angriff sei zulässig gewesen, auch wenn es zivile Opfer gegeben haben sollte. Sein Bild – zerknirschtes Gesicht, rahmenlose Brille, schwarzes Barett der Panzertruppe – ging um die Welt. Medien bezeichneten sein Handeln als Kriegsverbrechen. Nach anonymen Todesdrohungen benötigte er Personenschutz, seine Familie musste über ein Jahr lang untertauchen. Und die Politik? Sie diskutierte nicht Sinn und Ziel des Krieges, sondern stritt darüber, wer in der Regierung wann was von wem über die Bombennacht von Kundus gewusst hatte. Politiker, die jahrelang entschieden hatten, Soldaten nach Afghanistan zu schicken, wollten nun andere dafür verantwortlich machen, dass Deutschland in einem Krieg stand. Dabei hatten Kommandeure und Diplomaten die bedrohlichen Zustände im deutschen Einsatzgebiet in ihren Berichten oft genug beschrieben. Den deutschen Politikern war völlig klar, dass sie deutsche Soldaten in den Krieg schickten.

2010

Wahrheit und Wut

Mazār-i Scharif,
defekte Fahrzeuge der afghanischen Armee, die sie nicht selbst reparieren kann

Als Haji Niamatullah sich erhebt, herrscht schlagartig Stille im Raum. Geistliche, Dorfälteste, Taliban-Kommandeure, sie alle senken ehrfürchtig den Kopf. Niamatullah reckt seinen rechten Zeigefinger in die Luft. „Die Amerikaner haben mich eingesperrt, sechs Jahre lang“, ruft der einst im Gefangenenlager der Guantanamo Bay Naval Base einsitzende Niamatullah. „Dann sagten sie, es täte ihnen leid, ein Versehen. Sie haben mich erniedrigt und gedemütigt. Sie erniedrigen und demütigen unser Volk. Die Amerikaner sind unsere Feinde. Allahu Akbar!“ – „Allahu Akbar“, hallt es im Raum wider. Haji Niamatullah bebt vor Wut. Er setzt sich. Ein anderer steht auf, nicht minder aufgebracht. „Wir wollen die Amerikaner hier nicht. Heute bist du ihr Freund, dann füttern sie dich. Morgen bist du ihr Feind, dann töten sie dich. Ihre Anwesenheit provoziert nur eines: Krieg und Widerstand.“ Ein dritter Mann erhebt sich. „Niemand will hier Ausländer, die Hochzeitsgesellschaften bombardieren. Niemand!“

Mit einem schlichten Rollkragen bekleidet, sitzt der 35-jährige Leutnant Marco Hellgrewe auf einem Sofa, einen Stift in der rechten Hand, einen Notizblock auf dem linken Knie. Im Winter kann es kalt werden hier in Kundus, dann liegen die Temperaturen nur knapp über dem Gefrierpunkt. Die Fenster der Polizeistation sind beschlagen. Viele Menschen mit viel Wut in einem Raum, der deutsche Soldat mitten unter ihnen. Er hat diese Veranstaltung selbst organisiert, im Auftrag des deutschen Kommandeurs in Mazār-i Scharif will Hellgrewe sich anhören, welche Probleme die Menschen haben. Seit drei Stunden sitzt er nun schon hier wie ein Angeklagter vor einem Tribunal gegen Deutschland, die internationalen Streitkräfte, die USA und die afghanische Regierung. Ein Tribunal, in dem es um das sich anbahnende Fiasko in Afghanistan geht, um enttäuschte Versprechen und unerfüllte Hoffnungen: Wo ist die Straße, die ihr bauen wolltet? Wo ist das angekündigte Krankenhaus? Wann kommt das in Aussicht gestellte Bewässerungssystem für unsere Felder? Warum tut ihr nichts gegen die Kriminalität? Warum unterstützt ihr eine Regierung aus Dieben und Verbrechern? Warum haltet ihr euer Versprechen nicht, unserem Land den Frieden zu bringen? Hellgrewe macht sich Notizen, schweigt mit versteinertem Gesicht. Sein Dolmetscher kommt kaum hinterher, ihm die wütenden Tiraden zu übersetzen.

Dabei haben die einheimischen Gäste über den Mut des in friedlicher Absicht gekommenen jungen Deutschen durchaus gestaunt. Ein Soldat ohne Eskorte, Panzer, Flugzeuge, Drohnen, Waffen, einer, der nur zuhören will. Terrorgruppen zahlen 45.000 Dollar für einen deutschen Soldaten. Die Afghanen wissen Mut zu schätzen. Dabei macht Marco Hellgrewe nur, was der Kommandeur der internationalen Truppen angeordnet hat. Er geht zu den Leuten und fragt, was sie bewegt. Hellgrewe reist in diplomatischer Mission, handelsüblicher Geländewagen, Uniform, begleitet von einem Dolmetscher, der Kontakte zu allen wichtigen Personen hat: zu Warlords, Taliban, Geistlichen, Dorfältesten, Polizeichefs und Militärkommandeuren.

Seit acht Jahren kämpft die Bundeswehr bereits in Afghanistan und tappt im Februar 2010 durchs Land wie ein Blinder. Die Soldaten wissen nichts vom Leben der Afghanen, von ihren Nöten, ihren Ansichten. Nichts von den Stämmen und Clans, von ihren Interessen und Konflikten, von ihren Zwängen und

***Kundus,** Hubschrauber der Bundeswehr auf dem Weg nach Mazãr-i Scharif*

Loyalitäten. Sie wissen nicht, warum die Leute die Taliban unterstützen. Hellgrewe soll das ändern.

Bevor Hellgrewe sich auf seine Reise durch diverse der 34 Provinzen Afghanistans begibt, tut er etwas, was eine Militäroperation sofort hätte scheitern lassen: Er kündigt an, was er plant, und bespricht seine Pläne mit zwei gewichtigen Männern. Einer von ihnen ist Rashid Dostum, der usbekische Warlord, dessen Einfluss bis in den hintersten Winkel Nordafghanistans reicht. Als Hellgrewe später durch die Taliban-Gebiete bei Kundus reist, tauchen immer wieder Fahrzeuge usbekisch-stämmiger Sicherheitskräfte auf, die ihn einige Kilometer weit eskortieren. Hellgrewes zweiter Schutzpatron ist Waheedullah Sabaoun, Berater des Präsidenten Hamid Karzai. Er pflegt gute Kontakte zu den Taliban: Hellgrewe stehe unter Schutz, er brauche sich keine Sorgen zu machen, lässt Sabaoun ihn wissen.

Hellgrewes Reise beginnt in Baghlan, einer Hochburg der Taliban im Nordosten, und führt über mehr als tausend Kilometer in die Provinz Faryab im Nordwesten, von dort ostwärts nach Dschuzdschan, nach Balkh, nach Samangan, Kundus, Tachar und ins an Tadschikistan, Pakistan und China grenzende Badachschan. Der junge Deutsche sieht Berge, Steppen, Wüsten und Bergdörfer, in denen noch nie ein Ausländer war. Wohin er auch kommt, ist ihm sein Ruf vorausgeeilt. „Wir haben bereits von Ihrer Reise gehört. Wir beten zu Allah, dass Sie gesund heimkehren."

Sein Reiseprotokoll dokumentiert das Scheitern in Afghanistan. Überall bietet sich ihm das gleiche Bild: Die Menschen brauchen Wasser für ihre Felder, Tierärzte für ihr Vieh, Kliniken für ihre Kranken, Essen zum Überleben, Jobs zum Geldverdienen. Was sie nicht brauchen, ist der Krieg, den die ausländischen Soldaten mitgebracht haben. So sehen das viele Einheimische. Der Westen ist schuld am Krieg, nicht die Taliban. „Die Menschen sind verzweifelt über ihre Perspektivlosigkeit und das harte Leben. Sie wollen satt werden und dass ihre Kinder überleben. Sie sagen, wenn ihr uns nicht helft, bleibt uns nichts übrig, als uns wieder auf die Seite der Taliban zu schlagen. Sie haben Angst vor ihnen. Sie fühlen sich den Taliban ausgeliefert. Die Frustration steigert das Risiko für unsere Soldaten nicht nur in den aufständischen Gebieten". So notiert es Hellgrewe.

Doch statt Tierärzten bringen die Ausländer noch mehr Soldaten ins Land. Am Ende seiner Reise sucht Hellgrewe Wakil Ahmed Muttawakil auf, einst Fahrer, Vorkoster, Übersetzer und Sekretär des Talibanführers Mullah Mohammed Omar und von 1999 bis zum Sturz der Taliban Ende 2001 Außenminister. Dieser einflussreiche Mann weiß, wie man den Spaltpilz in die westliche Allianz treiben kann. Die Deutschen seien willkommen in Afghanistan, sagt er, sie wüssten, wie man ein kriegszerstörtes Land wieder aufbaut. Leider stünden sie unter dem Kommando der Amerikaner. Und diese, man könne es ja in den Nachrichten hören, würden Unschuldige töten und misshandeln, in Häuser eindringen und die Ehre und Kultur der Afghanen verletzen. Das bedeute nur eines: Krieg.

Hellgrewes Reise ist einzigartig, sein Bericht stellt das gesamte Vorgehen des Westens infrage. Reden statt kämpfen, so lautet sein Fazit. In Afghanistan erntet Hellgrewe für seine Mission hohen Respekt. Präsident Karzai zeichnet ihn als einzigen deutschen Soldaten mit dem höchsten afghanischen Tapferkeitsorden aus. In Deutschland erntet er dagegen Spott. Eine „Privatinitiative“ sei das gewesen, mehr nicht, sagt der Verteidigungsminister. In der Bundesregierung interessiert sich niemand für die ernüchternden Erkenntnisse eines einfachen Leutnants.

Es winkt niemand zurück

Der Mann mit dem grauen Vollbart zeigt auf Abdul Ruwaf. „Nein“, sagt er zu dem afghanischen Polizisten in der grauen Uniform, „hier wollen wir euch nicht. Ihr gafft unseren Frauen nach. Ihr beobachtet sie. Das wollen wir nicht!“ Oberkommissar Toni Kirchmair schaut seinen Dolmetscher an. „Was sagt er?“ „Er will nicht, dass wir die Polizeistation hier bauen“, antwortet der Dolmetscher. Immer mehr Einwohner von Sabzi Bahar kommen hinzu, umringen den Dorfsprecher, den Polizisten Abdul Ruwaf, den deutschen Polizisten Toni Kirchmair. Wütende Menschen in einer Traube, wild gestikulierend. Ein Albtraum für die Soldaten, die Oberkommissar Kirchmair schützen sollen. Sie fassen ihre Waffen fester, sprechen in ihre Headphones. „Sollen wir ihn rausholen?“ Kirchmair blickt zum Patrouillenführer, schüttelt den Kopf, man sieht es kaum. Kein Problem, ruhig bleiben, ich habe das hier im Griff. „Das haben wir doch vor Wochen mit dem Distriktgouverneur und dem Dorfältesten besprochen“, sagt er zum Dorfsprecher mit dem grauen Bart. „Genau hier soll die Station gebaut werden. Die Dorfgemeinschaft hat zugestimmt.“ Der Vollbärtige schüttelt den Kopf. „Der Dorfälteste hat uns nicht gefragt. Wir wollen die Polizisten nicht. Wir misstrauen ihnen. Ihr könnt die Station am Ortseingang bauen, aber nicht hier, wo ihr“ – er blickt wütend auf Abdul Ruwaf – „unseren Frauen nachstarrt!“ Der afghanische Polizist hat genug. Er verdrückt sich an den Rand des Geschehens und lässt Kirchmair allein mit den aufgebrachten Männern.

„Die Station ist nur in der Ortsmitte sinnvoll.“ Kirchmair versucht es noch einmal mit Logik. Mitten im Ort treffen zwei Fernstraßen aufeinander, nur von dort sind sie gut zu überwachen. „Das kommt doch auch Ihrer Sicherheit zugute. Die

Station muss in den Ort." „Nein", antwortet der Graubärtige. „Die Polizisten starren in unsere Häuser und beobachten unsere Frauen." Kirchmair zuckt mit den Schultern. Er kapituliert. Mit Logik kommt er hier nicht weiter. Die Dorfbewohner wollen keine Polizisten im Ort, warum auch immer. Vielleicht weil sie ihnen fremd sind, weil sie ihnen misstrauen. Vielleicht weil sie sich kontrolliert fühlen, vielleicht weil sie etwas zu verbergen haben. Vielleicht aber auch, weil die Polizisten tatsächlich den Frauen nachgaffen. In einem Land, in dem Männer ihre Frauen und Töchter als Besitz begreifen, geht das gar nicht. „Schickt eine Delegation zum Distriktgouverneur", sagt Kirchmair zu dem Vollbärtigen. „Er hat entschieden, dass die Station hier gebaut werden soll." Dann geht er. Frustriert.

Wieder verliert er Zeit, die er nicht hat. Bereits am frühen Morgen hatte er sich aufregen müssen. Die Polizeistation am Ortseingang, ein mit ein paar Balken abgestützter Stall mit Betten auf einem Lehmhügel, war verlassen. Ein Spirituskocher fauchte, Wasser kochte. Plötzlich erschien ein Mann, die Polizeijacke lässig über seinen Salwar Kamiz geworfen, als sei Kostümfest. Wo denn die anderen seien, fragte Kirchmair, sie seien hier verabredet. Der Kostümfest-Polizist zuckte mit den Schultern. Als Kirchmair aus der Bruchbude heraustrat, kamen fünf Gestalten die Dorfstraße hoch und warfen sich im Laufen rasch ihre Uniformen über.

Sabzi Bahar in der nordöstlichen Provinz Badachschan ist ein Dorf wie tausende in Afghanistan. Hütten aus Lehm, Werkstätten an der Straße, Frauen in der Burka, Männer mit finsteren Gesichtern und undurchdringlichen Augen. Ein Ort, dessen Einwohner eine Polizeistation ablehnen und der damit alles symbolisiert, woran der Westen in diesem Land scheitert. Erstens: an der Zeit. Bereits Ende 2013 wollten die Regierungen ihre Truppen abziehen. Vier Jahre noch, um Armee und Polizei Afghanistans in die Lage zu versetzen, die eigene Bevölkerung vor den Taliban zu schützen. Im Westen sind vier Jahre eine halbe Ewigkeit, in Afghanistan lediglich ein Wimpernschlag. Der Westen hat keine Zeit.

Zweitens: an den lokalen Verhältnissen. Sabzi Bahar liegt im Mafia-Gebiet, Provinz Badachschan, armselige Bergdörfer auf gewaltigen Gebirgszügen, kaum Geld für Nahrung, keine Ärzte, Kinder sterben, ehe sie sprechen können. Wer hier Geld hat, verdient es illegal. Mit Edelsteinen aus den Minen, mit Opium von den Feldern. Hier in Badachschan betreibt die Mafia ihre Labore, in denen sie Opium chemisch zu Heroin weiterverarbeitet. Das UN-Büro für Drogen- und Verbrechensbekämpfung (UNODC) in Wien dokumentiert es Jahr für Jahr. Mit einer jährlichen Ernte von 6.800 Tonnen dominiert afghanisches Opium den illegalen Weltmarkt. Bis zu 2,4 Milliarden Euro werden in Afghanistan jährlich mit Opium umgesetzt. In Sabzi Bahar verlaufen die Transportwege wie in ganz Badachschan nach Norden, nach Tadschikistan und weiter in den Westen, wo die Mafia ihr Heroin verkauft.

Drittens: an der Aussichtslosigkeit des eigenen Tuns. Toni Kirchmair und sein Team, das sind acht Personen, zuständig für ein Gebiet so groß wie ein Landkreis in Deutschland. Zahllos sind die Dörfer, in denen sie hunderte von Polizisten ausbilden sollen. Es sind Welten, die hier aufeinanderstoßen: In Deutschland lernt ein Polizist zuerst die Gesetze, in Afghanistan das Schießen. Dennoch sterben die Polizisten wie die

Fliegen, denn die Taliban schießen besser. „Optimistisch betrachtet, dürfte es fünf Jahre dauern, ehe wir sie allein arbeiten lassen können", sagt Toni Kirchmair. Fünf Jahre. Bis dahin sollen die westlichen Soldaten und Polizisten längst abgezogen sein. Als sie zum Ortsausgang fahren, steht die Widerstandsfront gegen die Polizeistation noch auf der Straße. Kirchmair winkt freundlich durch das Fenster seines Autos, doch es winkt niemand zurück.

Kabul,
„Schwimmingpool Hill“, Schwimmbad auf einem Hügel über Kabul

Karfreitagsgefecht

Isa Khel ist ein Taliban-Nest in der Provinz Kundus. Eine einzige Straße führt ins Dorf, sie ist mit im Boden vergrabenen Bomben gespickt. Isa Khel ist wie eine Burg mit Zugbrücke und Wassergraben. Wer sie erobern will, muss mit Verlusten rechnen. Am Karfreitag 2010 sucht ein von Kampfmittelbeseitigern unterstützter Infanteriezug der in Kundus stationierten 1. Infanteriekompanie des Provincial Reconstruction Teams die nach Isa Khel führende Straße nach improvisierten Sprengfallen der Taliban ab. Metalldetektoren in den Händen, untersuchen einige der Soldaten die Fahrbahn, andere die Felder am Wegesrand. Der 28-jährige Hauptgefreite Martin Augustyniak, verheirateter Vater eines Kindes, ein zwei Meter großer Hüne, begleitet die Minenräumer auf der Straße. Die übrigen Kräfte der Kompanie haben die Aufgabe, die Suche zu sichern. Dabei setzen sie eine „Mikado" ein, eine mehrere tausend Euro teure „Mikroaufklärungsdrohne für den Ortsbereich". Doch diese wird vom Wind abgetrieben und stürzt ab.

Mittags sind die ersten Gehöfte von Isa Khel nur noch 500 Meter entfernt. In Schussweite. Zugführer Mario Kunert gefällt das nicht. Er fürchtet einen Angriff aus dem Dorf. „Nils, Du gehst mit Deinen Männern rüber und sicherst uns vom Dorf aus", sagt er. Hauptfeldwebel Nils Bruns, 35, verheiratet, ein Kind, marschiert mit 15 Soldaten auf einem schmalen Feldweg zum Dorf. Als sie näherkommen, hören sie fröhliche Stimmen, ein Fest. Kinder lachen, Bauern winken. Doch schlagartig löst sich die Gesellschaft auf, und die Menschen gehen rasch nach Hause. Ein Funkspruch von Zugführer Mario Kunert an Nils Bruns: „Schaut mal, ob ihr die Mikado finden könnt." Kunert will sie wiederhaben. Bruns nennt die Namen von neun Soldaten, darunter Martin Augustyniak, Naef Adebahr und Maik

Mutschke. Sie sollen die Drohne suchen. Sie laufen auf der Straße zum Dorf, links die Gehöftmauern, rechts die Weizenfelder, die Hände an der Waffe. Es ist heiß und still, viel zu still. Von der Drohne fehlt jede Spur, doch noch will der Zugführer sie nicht abschreiben. Vier Mann sollen noch einmal auf einem Feld nachschauen. Augustyniak, Adebar, Mutschke und Paul Meding schlagen sich in den Weizen, die anderen fünf bleiben zurück.

Das Agieren der Soldaten ist nicht unbeobachtet geblieben. Gegen 13 Uhr fällt jäh ein Schuss, Erde spritzt auf. So geht es los, das heftigste und verlustreichste Gefecht in der Geschichte der Bundeswehr. Die Soldaten pressen sich auf den Boden. „Rückzug!" brüllt Naef Adebahr. Als er aufspringt, trifft ihn eine Gewehrsalve am rechten Bein. Martin Augustyniak erhält einen Kopftreffer und stürzt. Er nimmt seinen Helm ab, ein Loch, nicht mehr. Die Kugel hat lediglich Haut an seiner Stirn aufgekratzt. „Heute ist mein Glückstag", ruft er fassungslos. Etwa 80 Taliban haben sich mit Handfeuer- und Panzerabwehrhandwaffen in den Wohnhäusern verschanzt und nutzen die Bewässerungsgräben zum Stellungswechsel. Die Soldaten können sie nicht sehen, die Taliban tauchen auf, schießen und verschwinden wieder. Maik Mutschke läuft los, feuert, erreicht die Straße und bald darauf die anderen Soldaten des Zuges. Die liegen ein paar hundert Meter vom Feld entfernt unter Feuer.

Die gut 100 Fallschirmjäger sind eingekreist und haben ein Problem. Naef Adebar ist schwer verwundet. Sie müssen ihn rausholen, ehe er den Taliban in die Hände fällt. Es geht also darum, die Taliban in Deckung zu zwingen und die Luft mit Blei zu füllen, wie die Soldaten sagen. Sonst sieht es schlecht aus für Adebar. Die Fallschirmjäger schießen mit allem, was sie haben, aus den 20-Millimeter-Kanonen zweier „Marder"-Schützenpanzer, aus Mörsern und Maschinengewehren, aus ihren Sturmgewehren, Kaliber 5,56 Millimeter. Es nützt nichts, sie treffen nicht, die Taliban haben ihre Positionen gut gewählt. Sie kennen das Gelände, ihr Kommandeur hat das Geschehen im Blick. Naef Adebar, der Verwundete auf dem Feld, ist das Ziel der Taliban. Sie wollen ihn lebend, als Geisel. Am liebsten auch die anderen beiden Soldaten neben Adebar.

Es wäre ein Albtraum, falls es den Taliban gelänge, für Adebar, für seine Kameraden und für Deutschland. Sie müssen runter vom Feld, doch allein schaffen sie es nicht. Die Taliban würden sie niedermähen. Sie brauchen Hilfe. Leicht gesagt. Die Hilfe kommt nicht voran. Wie auch? Kugeln aus Sturmgewehren durchdringen keine Lehmmauern. Der Lehm saugt die Patronen auf. Sie brauchen stärkere Kaliber, Panzerabwehrwaffen, Artillerie, Kampfhubschrauber, doch die haben sie nicht. Die Geschütze und Hubschrauber stehen zu Hause in den Kasernen. Die Bundesregierung hat die Soldaten in den Krieg geschickt, ohne ihnen die Waffen für ein Gefecht wie dieses mitzugeben.

Der erste Gefallene ist der 25-jährige Stabsgefreite Robert Hartert aus Sachsen. „Ich bin getroffen." Mehr kann er nicht mehr sagen. Er stürzt, verliert das Bewusstsein, liegt bleich und zitternd auf dem Boden und verdreht die Augen. Die Kugel hat von oben nach unten seinen Oberkörper durchdrungen. Sanitäter schleppen ihn fort, reanimieren ihn. Ein „Black Hawk"-Hubschrauber der Amerikaner trifft ein, Kugeln schlagen in der Kabine ein, dennoch gelingt es dem Piloten, mit

Hartert an Bord abzuheben. Hartert erliegt später im Feldlager Kundus seiner Verwundung. Für Naef Adebar kommt die Hilfe dagegen gerade noch rechtzeitig. Er hat seine Magazine leergeschossen, alle Handgranaten verworfen und die Hoffnung schon aufgegeben, als Nils Bruns mit seinen Männern das Feld erreicht. Sie schleppen Adebar in einen Panzer. Martin Augustyniak hat trotz seines Helmtreffers weitergekämpft und ist entscheidend an Adebars Rettung beteiligt.

Zugführer Kunert gibt den Befehl zum Rückzug. Bloß weg von Isa Khel! Doch nun setzt ein zweiter, noch heftigerer Feuerhagel ein. Die Taliban wollen den Fallschirmjägerzug aufreiben. Zwei amerikanische F-15-Kampfjets gehen in den Tiefflug, jagen über Isa Khel hinweg, ohrenbetäubend. Eine „Show of Force", eine Demonstration von Stärke. Doch die Taliban bleiben unbeeindruckt, sie schicken Frauen und Kinder vor die Gehöfte, aus denen sie schießen. Kein deutscher Kommandeur, kein amerikanischer Pilot wird unter diesen Umständen eine Bombe abwerfen. Es dürfen keine Unbeteiligten zu Schaden kommen, das gilt noch immer. Die Katastrophe der bombardierten Tanklaster vor einem Jahr am Kundus-Fluss sitzt noch allen in den Knochen. Die Flugzeuge drehen ab. Die Fallschirmjäger sind auf sich gestellt.

Für jeden von ihnen ist das, was sie an diesem Tag erleben, der Krieg, für den sie immer trainiert haben. Nie zuvor sind ihnen die Kugeln so dicht um die Ohren geflogen. Rückzug im Schutz der Fahrzeuge, schießen, brüllen, fluchen. Todesangst. Die Erde explodiert, eine Sprengfalle in der Straße, ein „Dingo" fliegt in die Luft, jener „Dingo", hinter dem Nils Bruns, Martin Augustyniak, Maik Mutschke und Ralf Rönckendorf liefen. Augustyniak wird über eine Mauer geschleudert, Bruns dagegen. Mutschke zerfetzt die Explosion das Gesicht. Rönckendorf, ein Rettungsassistent, erblindet. Bruns liegt vor dem „Dingo“, verbrannt, aufgedunsen, tot. Ein Hubschrauber landet im Kugelhagel, fliegt Mutschke aus, Bruns gleich mit. Augustyniak fehlt, das fällt zunächst keinem auf. Soldaten finden ihn auf dem Hof des Gehöfts, vor dem die Sprengfalle vergraben war, sein Körper zerfetzt.

Das Karfreitagsgefecht am 2. April 2010 markiert eine Zäsur für die Bundeswehr. Zum ersten Mal seit dem Zweiten Weltkrieg haben deutsche Soldaten in einem stundenlangen Gefecht gestanden. Was bleibt, sind drei Tote, acht Schwerverletzte und zwei Symbole. Das Foto vom Wrack des „Dingo“ mit einer Taliban-Gruppe davor und das Foto des durchlöcherten, auf dem Schlachtfeld zurückgelassenen Gefechtshelms von Maik Mutschke gehen um die Welt. Sieben Tage später findet im niedersächsischen Selsingen in der Nähe des Standorts der Gefallenen die Trauerfeier statt. Verteidigungsminister Karl-Theodor zu Guttenberg spricht von „Helden“. Helden, gefallen im Kampf um ein staubiges Taliban-Nest.

Ein Kampf wie im Mittelalter

150 Gebirgsjäger stehen an der Front. Shahabuddin ist ein ärmlicher, nach einem Dorf am Rand des Baghlan-Flusses benannter Landstrich mit kargen Dörfern und Gehöften, Ziegen und Schafen. Um ihn zu kämpfen, hört sich sinnlos an, ist es aber nicht. Denn mitten durch Shahabuddin verläuft die wichtigste Straßenkreuzung in Nordafghanistan, das Highway Triangle. Hier vereinigen sich die Straßen aus dem Nordosten und Nordwesten, um nach Kabul und weiter Richtung Süden zu verlaufen. Wer diese Straßen beherrscht, der kontrolliert das Land. So ist das in Afghanistan.

Da stehen sie, die Gebirgsjäger aus Bad Reichenhall, im September, brütende Hitze, an ihrer Seite gut hundert Amerikaner. Am Rande der Ortschaft Kotub überschreiten sie den Baghlan-Fluss, vier Schützenpanzer vorneweg. Kaum sind sie am anderen Ufer angelangt, gehen die ersten Raketen auf sie nieder, es folgen Salven aus Maschinengewehren, Kugeln schlagen gegen die Panzer. Dann das Tack, Tack, Tack aus Kalaschnikows, unpräzise. Das übliche Taliban-Repertoire, abgefeuert aus Stellungen in Gräben, hinter Baumgruppen, aus Gehöften. Ein Krieg, in dem Frauen, Kinder, Alte, die ganze Bevölkerung mittendrin sind. Es ist dieselbe Taliban-Taktik wie am Karfreitag ein paar Monate zuvor in Isa Khel.

Jared Sembritzki, 41, ist Kommandeur des Gebirgsjägerbataillons 231, kaum dass er, aus Deutschland kommend, seinen Schrank in Mazăr-i Scharif eingeräumt hatte, musste er schon wieder packen. Abmarsch nach Baghlan. Frank Leidenberger, der Kommandeur in Mazăr-i Scharif, wollte dort neben Kundus eine zweite Front gegen die Taliban errichten. Sembritzki ließ ein Lager bauen, auf einer 100 Meter hohen Hügelkette direkt an einer der Fernstraßen, zwei Kilometer westlich vom Highway-Triangle. Der Observation Point North („OP North") liegt in einer unwirtlichen Gegend, 40 Grad heiße Sandstürme fegen über die unbewachsenen Höhen, streunende Hunde, hin und wieder Giftschlangen und Skorpione. Früher waren die Sowjets hier. Nun bezogen 400 deutsche Soldaten den Hügel und mit ihnen ein paar hundert Soldaten der afghanischem Nationalarmee. Sie bereiteten die größte Offensive in der Geschichte der Bundeswehr vor, 200 Kilometer weit entfernt von Mazār-i Scharif, von der Sicherheit und den Annehmlichkeiten eines Feldlagers, statt befestigten Unterkünften nun mit acht Soldaten belegte Zelte. Leben im Dreck. Leben im Krieg. Gehöfte als Forts, Mauerlöcher als Schießscharten, es ist ein Kampf wie im Mittelalter. Die Gebirgsjäger feuern Granaten hinter die Mauern, monatelange Scharmützel und Gefechte, sie haben gelernt, wie sie den Taliban beikommen.

Zwei Tage vergehen, der Angriff auf Shahabuddin verläuft zäh. Die Taliban sind zahlreich und gut verschanzt. Sembritzki hat genug, er hat Tote und Schwerverletzte zu beklagen. Er holt den Hammer raus. Er will einen Luftschlag. Erneut sind es zwei F-15, wie schon am Kundus-Fluss im September 2009, die Allzweckwaffe der US-Luftwaffe. Sie werfen 500-Pfund-Bomben ab, doch die bleiben ohne Wirkung. Die Taliban kämpfen weiter. „Damit erreichen wir nichts", sagt der Fliegerleitoffizier zu Sembritzki. „Ich empfehle, 2.000 Pfund abzuwerfen." 2.000 Pfund, das ist die größte Bombe, die eine F-15 abwerfen kann. Kein Hammer, eher eine Streitaxt. Ein dumpfer Schlag, die Erde birst, 400 Kilogramm Sprengstoff explodieren, eine steile Feuersäule steigt auf. Tausend Grad Celsius heiße Gase dehnen sich mit Überschallgeschwindigkeit aus, Metall, Erde und Steine rasen durch die Luft. Danach schweigen die Waffen. Die überlebenden Taliban ziehen ab. Ohne weiteren Widerstand rücken die Gebirgsjäger in Shahabuddin ein.

Und nun? Die deutschen Soldaten können nicht die ganze Zeit bleiben. Doch sobald sie gehen, kommen die Taliban zurück. Egal, wie viele Bomben sie werfen, egal, wie viele Taliban sie töten, es kommen immer neue nach. Die Deutschen wollen verhindern, dass die Taliban nach Shahabuddin zurückkehren. Commander Sher will das auch. Ein Mann, dürr wie ein magersüchtiges Modell, schwarzer Bart um den Mund, das Gesicht knochig, große, hervorstechende Augen, Tuch um den Kopf. Auf ihn hören knapp einhundert Männer, Brüder, Cousins, Kusscousins, Verwandte. Sein Clan lebt in Shahabuddin, in wechselnden Bündnissen, sie nehmen Schutzgeld von Autofahrern und Geschäftsleuten. Selbst die Taliban wollten mit ihm nichts zu tun haben. Im Frühjahr kamen sie nach Shahabuddin, seitdem hatte er nichts mehr zu sagen. Er musste sich unterordnen, widerwillig. Dann sprach ihn jemand an, vom NDS, dem afghanischen Geheimdienst. „Wenn Du überlaufen willst, dann komm' nach Pol-e Chomri. Dort steht ein Haus. Es ist sicher. Dort warten wir auf Dich."

Sher kam und brachte seine Kämpfer mit. Er glaubte, die Taliban würden den Kampf verlieren. Jetzt sitzt er mit seinen Leuten in einem von den Deutschen gebauten Stützpunkt. 30 Gewehre, Panzerfäuste, ein paar Mobiltelefone, in einem die Nummer von Jared Sembritzki, mehr hat Commander Sher nicht in der Hand, als er ahnt, dass er eine falsche Entscheidung getroffen hat. Die Gebirgsjäger sind wieder auf „OP

Kabul,
Wachmann blickt vom „Schwimmingpool Hill" auf die Stadt

North" verschwunden, nicht weit weg, aber unerreichbar. Die Bundeswehr kann nicht einzelne Orte schützen, dazu hat sie zu wenig Soldaten, und sie will es nicht, es wäre zu gefährlich. Die afghanische Armee will es aber auch nicht und die afghanische Polizei, auch sie nicht. Bleibt nur Commander Sher.

Kaum zwei Tage vergehen, dann greifen die Taliban ihn an. Sher wählt Sembritzkis Nummer, fleht um Hilfe, bittet um Kampfjets, Hubschrauber, Artillerie, Soldaten, irgendwas. Doch Sembritzki hat weder Hubschrauber noch Artillerie. Und kann er Sher trauen? Wer weiß, wen er bombardieren ließe, die Taliban oder doch eher die Feinde von Commander Sher, die ihm das Schutzgeld nicht gönnen? Sembritzki steht nachts auf seinem Hügel, er kann den Angriff der Taliban von dort verfolgen, er hört die Schüsse, sieht den Feuerschweif der Raketen. Dann herrscht Ruhe.

Am nächsten Tag erfährt Sembritzki, dass die Taliban in Shahabuddin zurück sind. Der Kampf beginnt von vorn. Erneut müssen die Gebirgsjäger nach Shahabuddin vorrücken. Als sie den Ort erreichen, liegen die Leichen von Commander Sher und seinen Leuten noch in ihrem von den Deutschen errichteten Stützpunkt.

Tod eines Söldners

Rouven Beinecke steckt in einem schwarzen Leichensack, auf dem Totenschein steht „nicht natürlicher Tod". Vor dem Kühlcontainer, in dem der Leichnam aufgebahrt ist, hat der Kommandeur des Feldlagers Kundus eine Ehrenwache aufstellen lassen. Es ist die letzte Anerkennung für einen Landsmann. Der Oberst hätte das nicht tun müssen. Denn Beinecke war kein Soldat. Er war Söldner, 32 Jahre alt, und starb am Tag zuvor drei Kilometer vom deutschen Camp entfernt. Vor seinem Tod hatte Beinecke die Bundeswehr zweimal um Hilfe gerufen, per Telefon: „Holt mich raus, ich sterbe!" Zu diesem Zeitpunkt liegt er blutend auf dem Dach eines Gebäudes in Kundus, in den drei Stockwerken unter ihm ein Überfallkommando der Taliban. Beinecke kannte Kundus, er war dort als Soldat.

Ein großer, stämmiger Norddeutscher, blondes Haar, rau, aber herzlich, ein Typ, der aneckte, weil er gelegentlich Befehle missachtete. So beschreiben ihn seine Freunde. Im Juni 2009 verließ Beinecke die Bundeswehr, ließ sich zum Personenschützer ausbilden, gründete eine Sicherheitsfirma in Owschlag bei Rendsburg, nahm einen Kredit auf, kaufte ein Haus. Das Geld ging aus, seine Frau erwartete ein Kind. Ein Anruf, Beinecke sollte für Edinburgh International (EI) arbeiten, eine britische Sicherheitsfirma, Ausbildung von Wachleuten der US-Hilfsorganisation Development Alternatives Incorporated (DAI). 150 Dollar pro Tag mit der Option auf mehr, so lautete das Angebot. Für einen Menschen, den die Schulden erdrücken, sind 4.500 Dollar im Monat viel Geld. Für einen Job in einem Kriegsgebiet ist es zu wenig. „Wenn ich zurück bin, sind wir die Schulden los", sagte Beinecke beim Abschied zu seiner Frau. Am 5. Juni 2010 schickte er seinem Vater eine Nachricht.

„Hi, Paps. Bin in Dubai und checke gerade nach Kabul ein." Da hatte er noch einen Monat zu leben.

Seine Mörder waren ebenfalls Söldner, sechs Tschetschenen, ein Kommando des Haqqani-Netzwerks, Terroristen, verbündet mit den Taliban. Wochenlang studierten sie das Verhalten der Wachleute, deren Anzahl und Waffen, das an einer Seitenstraße gelegene Gebäude, die hohe Mauer, das Metalltor und den Stacheldraht auf dem Betonwall dahinter. Die DAI arbeitet dort, wo die Amerikaner die Taliban vertrieben haben, in der zivilen Entwicklungshilfe, im Wiederaufbau. Doch das ist nicht alles. Die DAI arbeitet auch für die amerikanische Entwicklungsbehörde USAid, und die kooperiert mit der CIA. Entwicklungshelfer als Spione für den Geheimdienst. „Diese Zusammenarbeit war in Kundus bekannt und für uns sehr problematisch, weil auch wir dadurch gefährdet waren", sagt später ein deutscher Entwicklungshelfer.

Kundus ist im Sommer 2010 eine Todeszone. „Rouven wusste nicht im Geringsten, worauf er sich einlässt", sagt ein früherer Wegbegleiter. Nacht für Nacht machen CIA und amerikanisches Militär Jagd auf Taliban und arbeiten eine Liste mit Namen von Personen ab, die auch auf Informationen von DAI-Mitarbeitern basiert. „Capture or kill", gefangen nehmen oder töten, so lautet der Auftrag der Elitesoldaten. Im Bundeswehr-Feldlager war Beinecke bekannt. Bei einem Besuch hatte er den früheren Kameraden angeboten, regelmäßig Informationen über die Lage in der Stadt und der Umgebung auszutauschen. Wie er die Situation einschätzte, dokumentiert eine E-Mail an seinen Vater: „Nachts hört man es hier manchmal krachen und sieht es blitzen. Aber die Leute sind ausnahmslos freundlich, höflich und nett. Wenn die Turbanaffen nicht so einen Rabatz machen würden, könnte man hier glatt für längere Zeit Urlaub machen." Mit den Turbanaffen meinte er die Taliban. Einem Freund in Deutschland berichtete Beinecke von nächtlichen Gelagen mit Kollegen auf dem Dach des Gebäudes. „Ich konnte es nicht glauben. Die haben trotz der Gefahr gefeiert und gesoffen", erinnert sich der Freund.

Am 2. Juli 2010 explodiert um 3:20 Uhr morgens vor der Einfahrt ein mit Sprengstoff beladenes Auto, die Mauer stürzt ein. Die Angreifer stürmen das Gelände, dringen ins Gebäude ein, Beinecke stellt sich ihnen entgegen, mit ihm ein britischer Kollege und zwei afghanische Wachleute. Der Brite stirbt im Kugelhagel, Beinecke flüchtet verletzt aufs Dach, die DAI-Mitarbeiter mit ihm. Er ruft die Bundeswehr an, bittet um Hilfe. Ein Soldat, der in dieser Nacht vor Ort war, erinnert sich. Der diensthabende Offizier sagte, die Eingreiftruppe könne in 15 Minuten vor Ort sein, Beinecke solle ihnen mehr Informationen über die Lage geben. Die Bundeswehr schickte eine Drohne, afghanische Polizisten hatten sich vor dem DAI-Gebäude verschanzt und feuerten auf die Etagen, das zeigten die Luftaufnahmen. Eine amerikanische Journalistin, einige Tage später in Kundus, äußerte den Verdacht, afghanische Polizisten hätten gezielt auf die DAI-Leute und das Sicherheitspersonal geschossen.

Beinecke meldet sich zum zweiten Mal im Feldlager. Vier Angreifer in Sprengstoffwesten versuchen, auf das Dach zu gelangen. Er wisse nicht, wie lange sie den Zugang zum Dach noch verteidigen könnten. Die Soldaten vertrösten ihn erneut. Dann der dritte Anruf, diesmal meldet sich Michael, ein Mitarbeiter der DAI. „Rouven ist tot, ich bin verletzt“, ruft er ins Mobiltelefon. „Wann kommt ihr endlich?“ Gar nicht. Der Kommandeur zögert, fragt bei den Amerikanern nach, ob sie Soldaten schicken könnten. Schließlich sei DAI eine amerikanische Hilfsorganisation. „Das ist euer Zuständigkeitsbereich!“ antworten die Amerikaner.

Ein deutscher Staatsbürger ruft am Ende der Welt die drei Kilometer entfernte Bundeswehr um Hilfe, und deren Kommandeur fühlt sich nicht zuständig? Ist das Vernunft, weil er das Leben seiner Soldaten nicht für einen Söldner aus Rendsburg riskieren will? Oder ist es unterlassene Hilfeleistung? Erst um 10 Uhr des nächsten Tages, sieben Stunden nach Angriffsbeginn, können die DAI-Mitarbeiter vom Dach gerettet werden. So lange hat es gedauert, bis der letzte Angreifer von der afghanischen Polizei getötet werden konnte. Amerikanische Soldaten bergen den Leichnam von Rouven Beinecke. Mit ihm starben ein britischer Söldner, zwei afghanische Wachleute, ein Polizist und die Angreifer.

***Kabul,** als sie den Fotografen entdecken, posieren die beiden Männer auf ihrem chinesischen Krad*

Scharmützel

Als die Nacht hereinbricht, bereitet Hauptmann Michael Louzri einen neuen Schachzug im Krieg gegen die Taliban vor. „Diesmal sollen sie kein Glück haben", sagt der 31-jährige Kompaniechef bei der Befehlsausgabe nach dem Abendessen. Die Fallschirmjäger am Tisch vor ihm nicken. Louzris Plan klingt gut, aber gewagt. Seit Monaten liefern sich die Soldaten in Chahar Darreh einen Kleinkrieg mit den Taliban. Einen Kilometer entfernt von ihrer Operationsbasis, einer Polizeistation, liegt Khalazai Khurd, eine Ansammlung von Gehöften, die ersten Stellungen des Gegners. Hier herrscht eine Pattsituation, keine Seite kommt derzeit voran.

Stunden zuvor, am Morgen, schlechte Nachrichten: Die Taliban haben acht Polizisten getötet. Eine Hinrichtung, sagt ein Offizier, seinen Kaffeebecher in der Hand. Brutal und rücksichtslos, so gehen sie vor, die Taliban. Die Polizisten sterben wie die Fliegen. Was nützt es da, dass die Fallschirmjäger ihr Leben riskieren, die Taliban vertreiben, die Polizei aber nicht verhindern kann, dass sie zurückkehren? Von 2014 an sollen die Afghanen selbst für die Sicherheit in ihrem Land sorgen. In dreieinhalb Jahren also. In Kundus lässt gerade nichts darauf schließen, dass sie das schaffen werden. Louzri und ein paar Unterführer sitzen im T-Shirt auf einer Bank, den Rücken an einer Mauer, und fragen sich, warum sich die Polizisten nachts haben überrumpeln lassen. „Die müssen geschlafen haben", sagt einer von ihnen. Der Offizier mit der Kaffeetasse nickt. „Ja, sie wurden im Schlaf überrascht."

Im Raum um die Ecke lärmt ein Funkgerät, der Gefechtsstand der Kompanie. Landkarten hängen an den Wänden, die Fenster sind blickdicht abgeklebt, auf dem Tisch steht das Frühstück: „Roggenschrotbrot, geschnitten“ mit „Brotaufstrich Tomatencreme“ aus der Konserve. Ein Soldat tritt heraus. „Chef, der Kommandeur“, sagt er. Louzri verschwindet hinter der Tür. Nach ein paar Minuten kommt er zurück, hebt den Daumen, die Unterführer verschwinden. Er plant etwas. „Ja, die Sicherheitslage“, sagt Louzri und pustet aus. „Gehen wir mal an die Karte, da können wir es gut sehen.“ Straßen, Dörfer, Gehöfte, Weiher, dazwischen rote Punkte. Viele Punkte, Symbole für Feindkontakt, Symbole für Bombenfunde. Hier vergeht kein Tag ohne Schusswechsel oder Explosion. „Wir sind hier im Krieg, das darf meine Mutter aber nicht wissen“, sagt Louzri und grinst verlegen. „Ihr sage ich, wir seien die meiste Zeit im Lager.“

Im August herrschen hier bereits am Vormittag Temperaturen wie in der Sahara, 45 Grad Celsius. Die Soldaten schwitzen im Schatten, stecken Patronen aus grauen Pappschachteln in schwarze Magazine, putzen Gewehre mit Zahnbürsten. Sie holen Staub, Sand und Dreck aus den Läufen und Verschlüssen, zwei-, dreimal am Tag, überlebenswichtig. Nichts ist schlimmer als eine Waffe, die im Gefecht versagt. „Fertig machen!“ sagt Louzri. Er will den Taliban jetzt auf den Leib rücken, mitten am Tag, in der größten Mittagshitze.

Es ist ein zermürbender Krieg hier in Chahar Darreh, einer ohne Kugeln in der Luft, einer mit Bomben in den Straßen. Die Wahrscheinlichkeit, als Soldat in die Luft zu fliegen, ist ungleich größer, als erschossen zu werden. Dabei wissen Louzri und seine Leute, wer die Bomben legt. Sie haben Fotos von ihnen, sie kennen Namen und Aufenthaltsort. Sie würden nur zu gern angreifen, doch das wollen die Kommandeure nicht.

Erst sollen die Afghanen mehr Soldaten und Polizisten schicken. Das dauert.

Die Fallschirmjäger sollen die Taliban nur beobachten. „Ich rechne mit 20 Aufständischen im Dorf“, sagt Louzri. Er geht vorweg, hinter ihm verlässt der Trupp den Stützpunkt. 40 Soldaten, bepackt mit Waffen, Granaten, Ersatzmagazinen, alles in allem 20, 30 Kilo mehr als normalerweise. Ein paar hundert Meter entfernt verfolgen Scharfschützen die Soldaten durch Zielfernrohre und Ferngläser. Am Himmel, 4000 Meter hoch, hat eine Drohne Khalazai Khurd, den Zielort, im Blick. Als der Trupp auf einem schmalen Trampelpfad ein Feld passiert, fällt ein Schuss. Einige werfen sich in Gräben, andere ins Gras. „Was gesehen?“, fragt Louzri über Funk und blickt durch sein Fernglas. „Nein, nichts“, lautet die Antwort. „Weiter!“ sagt er.

Eine halbe Stunde später erreichen sie die ersten Häuser. „Größere Personengruppe verlässt Ortschaft nordwärts!“ warnt einer der Scharfschützen über Funk. Die Soldaten suchen daraufhin Deckung hinter Bäumen und warten. Louzri nimmt sein Fernglas, schaut hindurch, minutenlang, setzt es ab, wischt sich den Schweiß von den Augen, setzt wieder an. Schaut. Nichts. Keine verdächtigen Bewegungen. Weiter. Häuser links und rechts, Mauern, Gassen, Kinder verschwinden, sobald sie die Soldaten sehen. „Grüßen und lächeln, sonst können wir kein Vertrauen schaffen“, ruft Louzri seinen Soldaten zu. Ein paar Minuten später haben sie den Ort bereits fast durchquert, Khalazai Khurd ist klein. Louzri sagt die Namen von ein paar Soldaten, verschwindet mit ihnen, er traut dem Frieden nicht. Der Schuss vorhin, vielleicht ein Signal an die Nachbarorte, Verstärkung zu schicken. Dann säßen sie hier in der Falle. Als er zurückkommt, schüttelt er den Kopf. Es tut sich nichts. Weiter geht's.

Endlich kommt jemand, mit dem Louzri reden kann: der Dorfälteste mit schlohweißem Bart. Louzri setzt Helm und Brille ab, zieht die Handschuhe aus, reicht dem Mann im Salwar Kamiz die Hand. „Gibt es Schwierigkeiten im Ort? Können wir helfen?" Der Greis schaut ihn unsicher an, nervöser Blick. „Ich kann nicht reden", sagt er leise. „Die Taliban haben mich verprügelt, nachdem ich das letzte Mal mit euch gesprochen habe. Sie beobachten mich." Louzri nickt, überall eingeschüchterte Menschen, gefangen zwischen Terrorgruppen, Kriminellen und Taliban einerseits und ihm, den Deutschen, den westlichen Truppen, der afghanischen Regierung andererseits. Er kennt diese Geschichten. Aber die Aussage des Mannes ist ein Puzzleteil mehr, um die Offensive vorbereiten zu können. Erst müssen die Taliban vertrieben sein, dann kann der Wiederaufbau beginnen. Louzri muss wissen, wo der Feind sitzt. Ein Gruß zum Abschied, und während der Dorfälteste davonschlurft, setzt Louzri Helm und Brille wieder auf.

Am Abend legt sich milchiges Mondlicht über die Basis, die schweißnassen Uniformen der Fallschirmjäger sind wieder trocken. Nun macht Louzri seinen Schachzug. „Passt auf, macht keinen Scheiß!" warnt er seine Soldaten, sie sind bereit: Tarnfarbe im Gesicht, Gewehre in den Händen. Scharfschützengewehre. Sie steigen in ein Fahrzeug, das Tor öffnet sich, drei Panzer, Ketten rasseln, Staubfontänen, darin verborgen, kaum zu erkennen, der Wagen mit den Scharfschützen. Sie fahren eine Straße hinunter, drosseln kurz die Fahrt, drei Soldaten springen aus dem Auto, verschwinden im Dunkeln. Dort liegen sie die ganze Nacht, allein, mit Blick auf die Straße, unter der ein Rohr verläuft, in dem die Taliban immer wieder Bomben verstecken. Vor zwei Tagen haben sie hier erst einen Sprengsatz gefunden.

Am nächsten Morgen sitzen die Scharfschützen bei einer Tasse Kaffee und schütteln den Kopf. Nichts passiert. Keine besonderen Vorkommnisse. Kompaniechef Louzri setzt Helm und Brille auf, Fahrt ins Feldlager. Besprechung. Fünf Minuten später eine Explosion, eine Stimme im Funkgerät: „IED, IED!" Improvised Explosive Device, eine Sprengfalle. „Ich breche durch! Keine Verletzten!"

Die erste Bodenoffensive

Haben wir Krieg oder machen wir Frieden? Die Ältesten von Quatliam wussten es noch nicht. „Was kriegen wir dafür, wenn wir uns von ihnen lossagen?“ fragten sie die deutschen Offiziere. Es war Herbst, sie sollte jetzt starten, die Offensive gegen die Taliban in Chahar Darreh. Quatliam war der Startpunkt, das Tor ins Taliban-Gebiet. „Wir würden dafür sorgen, dass ihr Strom bekommt.“ Die Ältesten blickten überrascht. Das war ein Angebot. In Quatliam haben nur die Reichen Strom. Und reich ist, wer einen Generator besitzt. Nun sollten also alle Elektrizität bekommen, ein Fortschritt, ein bisschen Wohlstand. Die Oberhäupter der wichtigsten Familien im Ort senkten die Köpfe und stimmten zu. „Wenn wir das richtig verstehen, müssen wir jetzt auf euren Befehl hören?“ fragten sie. Die Deutschen nickten. „Ihr seid willkommen. Aber wir wollen eine Garantie, dass ihr uns vor den Taliban beschützt“, erwiderten die Oberhäupter von Quatliam. „Stellt eine Bürgerwehr auf“, rieten die Deutschen. „Wir bauen einen Stützpunkt an den Dorfrand. Wenn etwas nicht stimmt, sagt ihr uns sofort Bescheid.“ Die Ältesten blieben reserviert: „Und wer bezahlt uns dafür?“ fragten sie skeptisch. „Das Geld für die Milizen kommt aus Kabul, von der Regierung“, antworteten die Deutschen.

So kam es, dass die Ältesten von Quatliam die Taliban fallenließen. Die Deutschen hatten ihnen ein Angebot gemacht, das sie nicht ablehnen konnten. Damit war das Fundament für die Offensivoperation „Halmazaq“ (Blitz) gelegt. Chahar Darreh, die Taliban-Hochburg südlich von Kundus, sollte zurückerobert werden. Doch zu welchem Preis? Nicht die Armee, nicht die staatliche Polizei, eine Bürgermiliz sollte die Einwohner von Quatliam fortan schützen. In Afghanistan gab es seit langem einen Begriff dafür: Arbaki. Im Bürgerkrieg in den

1990er-Jahren gab es tausende dieser Arbaki. Anfangs verteidigten die in Milizen organisierten Dorfbewohner ihre Höfe gegen Marodeure. Doch dann begannen die Arbaki, einander zu bekämpfen, Schutzgeld zu erpressen und bisweilen rücksichtsloser gegen die Bevölkerung vorzugehen als die Taliban. Die Arbaki schufen keine Sicherheit, sie wurden zur Plage. Als die Taliban an die Macht kamen, entwaffneten sie die Arbaki.

Dann kamen die Ausländer, vertrieben die Taliban, die nun, acht Jahre später, wieder so mächtig sind, dass die Ausländer sich nicht anders zu helfen wissen, als die Arbaki wieder zu bewaffnen. Der Westen reaktiviert die einen alten Geister, die Arbaki, um die anderen alten Geister, die Taliban, zurückzudrängen.

Zuvor steht der Kampf, und Dominik Berger ist mittendrin. Vor sechs Jahren wurde er Soldat, beseelt, Gutes zu tun, Menschen aus der Armut zu helfen. So erzählt er es. Gutes, das ist für ihn jetzt der Kampf gegen die Taliban, gemeinsam mit 300 Fallschirmjägern, 150 amerikanischen, 200 afghanischen Soldaten und 100 Polizisten. Ein Großaufgebot gegen ein paar hundert Taliban in Chahar Darreh. Dominik Berger sitzt in einem „Marder"-Schützenpanzer", vor sich einen Computer. Ein paar Codes und Passwörter später sieht er das Gebiet vor sich aus der Luft, es sind Aufnahmen von Drohnen und Kampfflugzeugen. Für einen Laien ist auf dem Bildschirm nicht viel zu erkennen. Straßen, Felder und Gehöfte sind deutlich zu sehen, die Gräben aber, in denen sich die Taliban verschanzen, erkennt nur ein geübter Betrachter. Ein Fliegerleitoffizier wie Berger. In der gesamten Bundeswehr gibt es nur gut hundert wie ihn.

Sie befinden sich jetzt wenige hundert Meter vor Quatliam, sie sehen den Ort, aber keine Menschen. Irgendwo liegt bestimmt eine Bombe in der Straße, damit müssen sie rechnen. Bisher ging alles gut, aber im Krieg ist das Glück endlich. Plötzlich birst die Erde unter 37 Tonnen Stahl. Die Bombe war nicht groß, sie explodierte unter dem hinteren Teil des „Marder". Berger saß vorn beim Kommandanten, da war der Druck nicht so groß. Sie steigen aus, unverletzt, öffnen die hintere Luke, betrachten den Schaden. Der Boden, zentimeterdick gepanzert, der Stahl leicht gerissen, mit Fleisch übersät, das Fleisch der Essensrationen. „Glück gehabt", sagen sie. Verdammtes Glück gehabt. Im Dorf vor ihnen herrscht Ruhe. Ein paar kurze Salven aus Gewehren, mehr nicht, sie hatten mit stärkerer Gegenwehr gerechnet. Auf seinem Monitor sieht Berger zwei, drei Dutzend Personen, die auf Feldwegen flüchten.

Nun rollen Lastwagen heran, die Ladeflächen voll mit Kies, den Bagger in ein Meter hohe Drahtgestelle füllen, ausgelegt mit Moleskin. Nebeneinander im Kreis aufgestellt wird ein kleines, kugelsicheres Fort daraus. Am nächsten Tag haben die Soldaten den Stützpunkt für die Arbaki fertig, die Miliz kann einziehen. Doch die Taliban wollen Quatliam zurück, sie schleichen sich nun in Wäldern und Gräben an den Ort an. Vier Tage dauert der ungleiche Kampf, die Fallschirmjäger lassen sich nicht vertreiben. Dominik Berger liegt in einem Graben, neben ihm noch andere Soldaten, sie liegen unter Feuer am Ortsrand. Ein paar Meter vor ihnen schlägt eine Granate ein, sie sehen, woher sie kommt, 250 Meter entfernt, ein Graben, darin hocken die Taliban. Berger spricht ins Headset an seinem Helm, nennt Zahlen und Koordinaten. Zielkoordinaten. Die Artillerie soll die Taliban im Graben unter Feuer nehmen. „Ein Schuss feu-

Kabul, *Obsthändler an der Ausfallstraße zum Flughafen*

ern! Kommen!", sagt Berger in sein Headset. Die Panzerhaubitze 2000 befindet sich im zehn Kilometer entfernten Feldlager in Kundus. Berger und die anderen pressen sich an den Boden, ein paar Sekunden nur, dann ertönt ein kurzes Pfeifen, und die Erde bebt. Berger hebt den Kopf, die Rakete hat im Wald gegenüber eine Schneise geschlagen. Abermals fliegt eine Rakete auf sie zu, der Gegner lebt noch. „Feuern!" sagt Berger noch einmal in sein Headset. Die Artillerie verschießt vier weitere Granaten, dann sind die Taliban im Graben tot.

Der Kampf um Quatliam ist die erste deutsche Offensive seit dem Zweiten Weltkrieg und ein Beispiel dafür, wie die Bundeswehr Kampfdrohnen, Bomber, Hubschrauber, Artillerie, Schützenpanzer und damit das gesamte westliche Waffenarsenal in Afghanistan einsetzt. Es dauert Monate, bis Chahar Darreh, ein Gebiet mit ein paar Dutzend Dörfern, einem Fluss, grünen Tälern und abgeernteten Feldern, wieder in der Hand der afghanischen Regierung ist. Für die Taliban ist der Verlust von Quatliam ein Rückschlag, mehr nicht. Ihr strategisches Ziel heißt Kabul, die Hauptstadt, die Macht im Land. Ihre Taktik passen sie den Verhältnissen klug und geschmeidig an. Sie ziehen sich zurück, auch aus anderen Orten, in Frauenkleidern, mit Kindern auf dem Arm. Die Soldaten können auf ihren Kamerabildern die Umrisse von heiß geschossenen Gewehren unter den Burkas erkennen. Einige Taliban fallen den Arbaki in die Hände und werden zu Gefangenen eines Krieges ohne Regeln. Dreien von ihnen schlagen die Arbaki die Köpfe ab. Das berichten Fallschirmjäger, die mit den Milizen in Kontakt waren und Fotos der Hinrichtung gesehen haben. Dafür schickt der Bundestag Soldaten nach Afghanistan? Damit sie gemeinsame Sache mit Kopfabschneidern machen müssen?

2011

Scheißjob

Kabul, *Straßenhändler bei der Pause in flirrender Mittagshitze*

Kuss links, Kuss rechts, wie Freunde, so begrüßen sie einander, Mullah Kahar und Hauptfeldwebel Schaller. „Salam Aleikum, wie geht es Dir?“ fragt Matthias Schaller und lächelt. Eigentlich ein Kulturbruch, Salam aleikum heißt „Frieden sei mit dir“, man sagt es und der andere antwortet „Aleikum asalam“, der Friede sei mit dir, allerdings nur unter Muslimen. Schaller ist kein Muslim. Doch Mullah Kahar, schwarzer Vollbart, dunkle Augen, olivgrüne Munitionsweste über dem Salwar Kamiz, braune Wolldecke gegen die Kälte um die Schultern, scheint das nicht so genau zu nehmen. „Komm mit, ich will dir etwas zeigen“, erwidert er und greift Schallers rechter Hand, nimmt sie in seine linke und geht voran. Die Kalaschnikow baumelt an seiner Schulter. Männer in Afghanistan halten Händchen, wenn sie einander vertrauen. Schaller, sandfarbenes Basecap auf dem Kopf, kein Helm, vertraut Kahar. Jedenfalls ein bisschen.

Ein Seecontainer, darin Matten, bunt bestickte Kissen, einige von Kahars Leuten erheben sich, als Schaller eintritt, gießen heißen Tee in Gläser, vor ihnen stehen Teller mit Fladenbrot und Schüsseln mit gezuckerter Sahne. Nach dem Essen holt Mullah Kahar eine Digitalkamera hervor. Er rückt näher an Schaller heran und lässt diesen auf den kleinen Bildschirm gucken: ein zerfetztes Auto, zerrissene Leiber, fünf Kinder, zwei Frauen und der Fahrer, getötet durch eine Bombe. Schaller wird bleich. Die Bombe war vermutlich für ihn und seine Leute gedacht. „Das waren die Taliban“, sagt Kahar. „Sie töten Frauen und Kinder, sie sind Barbaren. Der Teufel soll sie holen.“ Kahar war auch mal Taliban, und mit ihm seine ganze Miliz, das ist noch gar nicht so lange her. Ein paar Wochen vielleicht. Damals haben sie die Gebirgsjäger noch bekämpft.

Hauptfeldwebel Schaller sagt: „Man muss die Vergangenheit auch mal ruhen lassen."

Eine Stunde zuvor im Morgengrauen auf dem Außenposten „Pauli", benannt nach dem ein paar Monate zuvor an dieser Stelle von einem Selbstmordattentäter getöteten Oberfeldwebel Florian Pauli. Eine Bretterbude als Schlafraum, zweistöckige Betten aus Sperrholz, dicht an dicht, Waschwasser aus Kanistern, die an Panzern hängen, eiskalt. Aus Schlafsäcken schälen sich Soldaten, um den Hals den heiligen Christophorus, im Helm, zwischen Schale und Innenteil, einen Slip der Freundin. Der soll ihnen Glück bringen. Sie tragen Fleece-Pullover und Skimütze, sind schmutzig bis in die Poren und unter die Nägel und sehen aus wie Waldarbeiter. Ein verlotterter Haufen und zugleich die Besten, die die Bundeswehr hat. Einer greift sich einen Klappstuhl, die anderen grinsen. „Viel Spaß!", „Gutes Gelingen!", „Toi, toi, toi!" rufen sie ihm nach. Was Soldaten halt so sagen, wenn jemand von ihnen aufs Klo muss, wo kein Klo vorhanden ist. Dann nehmen sie „Kack und Pack", einen Stuhl mit Loch und eine Plastiktüte, die sie anschließend verknotet in ein Loch werfen, Diesel draufkippen und anzünden. Leben im Feld, so nennen das die Soldaten. „Nach fünf Monaten macht dir der ganze Dreck hier nichts mehr aus", sagt der Soldat mit dem Klappstuhl. „Du stumpfst ab und willst nur noch heil nach Haus."

Bis es soweit ist, führen sie Krieg, und der besteht vor allem aus Warten. Aus Warten auf die nächste Offensive, warten auf den nächsten Angriff der Taliban, auf die nächste Straßenbombe. Aus Warten auf ein ordentliches Essen, auf eine hygienische Toilette und eine warme Dusche. Das nächste Feldlager ist weit weg. Gefechte dauern kaum eine Stunde, der Feind ist selten zu sehen. „Wahrscheinlich stehen die Taliban am Straßenrand und winken, wenn wir vorbeifahren“, frotzelt ein Hauptfeldwebel. Vielleicht leben sie sogar unter ihnen, im Außenposten, unter den Leuten von Kahar, ihren Verbündeten? Wer weiß schon, wer ein Taliban ist? „Scheißjob“, schimpfen die Männer und wollen doch nichts anderes tun. Sie stehen in vorderster Front. „Wir zeigen den Dreckskerlen gerade den Mittelfinger“, sagt ein Soldat von Anfang zwanzig. Mit den Dreckskerlen meint er die Taliban.

Mitte Januar besucht der Provinzgouverneur den Außenposten. Er fährt mit mehreren Limousinen vor, trägt feinen Zwirn und hat diverse Kameras im Schlepptau. Bilder sind wichtig, nicht zuletzt für die Politiker in Washington und Berlin. „Wer mit der Regierung zusammenarbeitet, der wird profitieren“, sagt der Gouverneur mit aufgesetztem Pathos. „Ich heiße die verlorenen Söhne mit Freude willkommen.“ Die verlorenen Söhne, das sollen die Taliban sein. Mullah Kahar lächelt ein wenig gequält. Es werden dennoch schöne Bilder.

Es sind Taliban-Überläufer wie er und seine Männer, die dem Westen den Notausgang aus Afghanistan öffnen sollen. Sie verkaufen sich und ihre Waffe, gerade an die Kabuler Regierung für 80 bis 125 Dollar pro Monat, das kann aber bald schon wieder anders sein. Sie sind befugt, wie Polizisten vorzugehen, sie entscheiden über richtig und falsch, über Recht und Gesetz. Selbst bei seinen eigenen Leuten ist Mullah Kahar wenig zimperlich: Wer nicht spurt, den peitscht er aus. „Gewöhnungsbedürftig“, findet Matthias Schaller. „Aber wir halten uns da raus.“

Mullah Kahar aus Kotub und Hauptfeldwebel Schaller aus Oberbayern, die Arbaki und die Gebirgsjäger, der Außenposten mit seinem spartanischen Leben und der Kooperation deutscher Soldaten mit gedungenen Schurken, das ist fortan die Blaupause für den Kampf gegen die Taliban in Nordafghanistan. Flüchtlinge kehren in Dörfer zurück und mit ihnen die Hilfsorganisationen, die Schulen und Krankenhäuser bauen lassen. In den „befreiten" Orten stehen die Kinder am Straßenrand, wenn die Soldaten kommen, sie winken und bilden mit den Händen einen Kreis. „Sie lieben Fußball", sagt ein Soldat. „Sie drehen geradezu durch, wenn wir Bälle verteilen." Man könnte optimistisch sein, wenn es nicht so aussichtslos wäre.

Neun Sekunden bis zum Tod

Die Rettungshubschrauber sind weg, und Sayed Afzal liegt noch immer dort, wo ihn Kai Wilhelm erschossen hat. Kühl und effizient, so ist Sayed Afzal vorgegangen. Neun Sekunden hat er gebraucht, um seinen Auftrag zu erfüllen, einen Auftrag der Taliban, heimtückisch und hinterrücks. Drei deutsche Soldaten hat er auf dem „OP North" getötet und sechs verwundet. Sayed Afzal war afghanischer Soldat, vermeintlich ein Verbündeter, de facto ein Taliban. Seit diesem Tag konnte kein Deutscher mehr sicher sein, dass die Afghanen auf seiner Seite stehen. Neun Sekunden genügten, um jegliches Vertrauen der Deutschen in ihre Verbündeten zu zerstören.

Die Geschehnisse am 18. Februar lassen sich aus Gesprächen mit Soldaten vor Ort rekonstruieren. Es ist Vormittag, zehn Grenadiere gummieren gut gelaunt die Ketten eines Schützenpanzers „Marder" neu. Das tun sie alle 200 Kilometer, ohne Gummipolsterung würden die Ketten den Asphalt zermalmen. In zwei Wochen geht es heim, nach Regen im Bayerischen Wald. Fünf Monate lang haben sie mit afghanischen Soldaten gegen die Taliban gekämpft, sie haben Wasser und Essen mit ihnen geteilt.

Vielleicht vertrauen sie zu sehr, vielleicht sind sie auch leichtsinnig. Der Vorgesetzte der Soldaten, Hauptfeldwebel Georg Missulia, sieht keinen Grund, eine Wache aufzustellen oder seinen Männern zu befehlen, bei der Arbeit am Panzer Schutzweste und Helm zu tragen. Hätte er wissen können, dass eine Guerilla-Bewegung wie die Taliban mit allen Mitteln arbeitet? Dass sie nicht nur die Dörfer unterwandert, sondern auch die Sicherheitskräfte? Ja. Guerilla-Gruppen gehen seit Jahrhunderten so vor.

Kai Wilhelm, Anfang 20, blonder Vollbart, steht auf der anderen Seite des „Marder“, Pistole im Holster. Drei Sekunden braucht er, um sie zu ziehen, durchzuladen, zu entsichern und abzudrücken. Sayed Afzal kommt den Weg hinauf, Kai Wilhelm begutachtet gerade die Gummis. Afzal ist ein Jahr jünger als er, Paschtune aus Ostafghanistan, seit neun Monaten in der Armee, Gewehr über der Schulter, ein amerikanisches M-16. Wilhelm sieht ihn und denkt sich nichts. Die anderen Soldaten bemerken nicht, wie feindselig Afzal sie mustert, einen Meter auf sie zutritt und seine Waffe von der Schulter nimmt. Dann geht es los, neun Sekunden lang.

Erste Sekunde: Afzal lädt die Waffe durch, Kai Wilhelm zieht seine Pistole. Er schreit so etwas wie „Achtung, passt auf!“ Zweite Sekunde: Afzal nimmt den rechten Zeigefinger an den Abzug, krümmt ihn, verharrt. Ein Feuerstoß, zwölf Patronen, sie schlagen gegen Stahl, bohren sich in Körper. Kai Wilhelm zieht den Verschluss seiner Pistole nach hinten. Dritte Sekunde: Afzal hält den Finger noch immer am Abzug, gibt acht weitere Schüsse auf die Grenadiere ab, bis das Magazin leergeschossen ist. Kai Wilhelm stellt den Sicherungshebel seiner Pistole mit der linken Hand auf „F“ wie Feuer. Vierte Sekunde: Afzal senkt die Waffe, das leere Magazin fällt heraus. Kai Wilhelm tritt hinter dem „Marder“ hervor, die Pistole auf Augenhöhe. Sein Puls rast, er schreit. Fünfte Sekunde: Afzal greift nach einem neuen Magazin. Kai Wilhelm krümmt den Zeigefinger der rechten Hand. Ein Schuss. Er krümmt ihn ein zweites Mal. Wieder ein Schuss. Sechste Sekunde: Wilhelm schießt weitere vier Mal. Sämtliche Kugeln treffen. Siebte Sekunde: Afzal schlägt hin. Achte Sekunde: Er versucht, sich aufzuraffen. Neunte Sekunde: Wilhelm tritt auf ihn zu und feuert drei weitere Kugeln ab. Dann ist Sayed Afzal tot, zehn Meter vom „Marder“ entfernt. Wilhelm zieht sein Funkgerät aus der Tasche und brüllt: „Anschlag am Weißen Haus. Neun Verwundete.“

Wilhelms Meldung enthält einen Fehler: Es war kein Anschlag, es war ein Angriff der Taliban. Sayed Afzal war ein in die Armee eingeschleuster Schläfer aus dem Grenzgebiet zu Pakistan, von dort kommen die Führer der Taliban. Es war sein Pech, dass Kai Wilhelm auf der anderen Seite des Panzers stand. So konnte er nicht alle zehn deutschen Soldaten töten. Amerikanische Hubschrauber bringen die Verwundeten ins Lazarett. Konstantin-Alexander Menz (21) stirbt an einem Halsdurchschuss, Georg Kurat (22) an einem Kopfschuss. Georg Missulia liegt im Schatten des Panzers, in dem er fünf Monate Krieg überstanden hatte, sechs Soldaten kämpfen um sein Leben. 45 Minuten nach dem Angriff geben sie auf.

Jeder gegen jeden

Jede Geschichte hat eine Vorgeschichte. Um zu verstehen, warum am 28. Mai 2011 im Gouverneurspalast von Taloqan eine Bombe explodiert, zwei deutsche Soldaten sterben und mit ihnen ein ranghoher Polizeichef und Drogenbaron, muss man die Vorgeschichte kennen. Sie belegt wie kaum eine zweite, dass der Westen in Afghanistan auf verlorenem Posten steht. Denn der Westen blickt nicht durch, was dort passiert. Es beginnt mit einem Schneider. Er lebt in einem Dorf acht Kilometer nördlich von Taloqan. Die Bundeswehr hat in Taloqan einen Stützpunkt, ein paar Dutzend Soldaten, mehr nicht. Der Schneider fertigt keine Hemden, flickt keine Hosen und produziert keine Anzüge. Er stellt Munitionswesten und Sprengstoffgürtel her, maßgerecht, für die Taliban. Er hat viel zu tun, 25 Selbstmordattentäter kommen monatlich aus Pakistan nach Nordafghanistan. Bevor sie zu ihrem Zielort fahren, gehen sie beim Schneider vorbei und lassen sich einkleiden, so berichten es westliche Geheimdienste.

Am 17. Mai soll dem Schneider das Handwerk gelegt werden. Soldaten der Delta Force, einer Spezialeinheit der US Army für Terrorismusbekämpfung und Geiselbefreiung, umstellen nachts das Haus des Schneiders. Was dann passiert, dokumentiert ein Video. Die Soldaten stoßen das Tor auf. Er solle herauskommen, brüllen sie. Zwei Frauen laufen aus dem Haus und feuern mit Kalaschnikow, sie sterben im Kugelhagel. Die Soldaten dringen ins Gebäude ein und töten den Schneider. Als sie eine knappe Stunde nach Angriffsbeginn verschwinden, fliegt das Haus in die Luft. Die Delta Force hat einem Mann das Handwerk gelegt, der Selbstmordattentäter mit Sprengstoffgürteln versorgt. Die Folgen von Selbstmordattentaten sind verheerend, nicht nur unter Soldaten und Polizisten, gerade auch unter Zivilisten. Die Bewohner von Taloqan könnten also froh sein, dass der Schneider tot ist. Doch das sind sie nicht, im Gegenteil: Sie sind wütend. Geschürt hat diese Wut ein mächtiger Mann, dem die Tötung der beiden Frauen des Schneiders durch ausländische Soldaten gerade recht kommt.

Abdul Mutaleb Baig ist Abgeordneter des afghanischen Parlaments in Kabul und Chef eines Drogenkartells. Er war mal Polizeichef in Kundus, wurde von Präsident Hamid Karzai jedoch geschasst, weil er es mit seinen Geschäften zu wild trieb. Baig hat Macht in Taloqan, doch die Soldaten und Entwicklungshelfer beobachten ihn äußerst kritisch und wollen ihn entmachten. Baig gehen die Ausländer daher auf die Nerven, er will sie loswerden, vor allem die 70 deutschen Soldaten, die in Taloqan ihren Stützpunkt haben. Dafür braucht Mutaleb Baig die Massen, und er weiß, wie er sie am einfachsten mobilisieren kann. Er schickt seine Söhne mit Lautsprecherwagen in die Stadt: Die Ausländer hätten zwei afghanische Frauen geschändet und getötet, gellt es aus den Lausprechern.

Gemeint sind die beiden erschossenen Frauen des Schneiders. Die Einwohner von Taloqan sind empört. 3.000 aufgebrachte, mit Handgranaten und Molotowcocktails bewaffnete Männer ziehen, von der Polizei eskortiert und vom Fernsehen gefilmt, zum Stützpunkt der Ausländer. Bereits von Weitem können die deutschen Soldaten die Sprechchöre hören: „Tod den Ungläubigen!" brüllt der aufgewiegelte Mob. Handgranaten und Molotowcocktails fliegen ins Lager, explodieren hinter den Mauern, verletzen Soldaten, setzen Gebäude in Brand. Wachleute, Polizisten und Soldaten schießen in die Menge. Zurück bleiben zwölf Tote und 70 Verletzte.

Baig hat sein Ziel erreicht, zumindest ein bisschen. In Deutschland fragen sich aufgeschreckte Politiker, wie die Lage im bislang so friedlichen Taloqan derart eskalieren konnte. Auch den neuen deutschen Regionalkommandeur Nord in Mazār-i Scharif, Brigadegeneral Markus Kneip, treibt diese Frage um. Er spricht mit den höchsten Vertretern der afghanischen Sicherheitsbehörden im Norden, einem General der Armee, dem Chef des Geheimdienstes, dem Chef der Grenzpolizei und dem Polizeichef General Mohammed Daud Daud. Dieser enge Kampfgefährte des kurz vor dem 11. September 2001 von einem Selbstmordattentäter ermordeten tadschikischen Mudschaheddin-Führers Ahmed Schah Massud steckt wie Baig tief im Drogengeschäft. Das weiß zwar jeder in Nordafghanistan, doch die einstige Freundschaft mit Massud macht Daud unantastbar, das gilt selbst für den Präsidenten Hamid Karzai. Dieser ernennt Daud zunächst zum Stellvertreter des Innenministers mit dem Zuständigkeitsbereich Drogenbekämpfung und macht damit den Bock zum Gärtner. 2010 zum Polizeichef für acht nördliche Provinzen befördert, stört General Daud die Kreise seines Drogenkonkurrenten Mutaleb Baig fortan auf ganz legale Weise. Daud und die Deutschen stehen Baig gleichermaßen im Wege. Die folgenden Ereignisse muss Baig daher wie ein Geschenk empfinden.

General Kneip vereinbart mit den Sicherheitschefs ein gemeinsames Treffen in Taloqan. Die Medien berichten darüber Tage vorher. Das Treffen soll den Einwohnern von Taloqan demonstrieren, dass Afghanen und Deutsche Partner sind, so hat es Markus Kneip mit den afghanischen Sicherheitschefs vereinbart. Jedermann also weiß, dass die wichtigsten Vertreter der Sicherheitskräfte in Nordafghanistan am 28. Mai

2011 im Gouverneurssitz in Taloqan zusammenkommen werden. Den für die Sicherheit der deutschen Soldaten zuständigen Offizieren klingeln bei dieser Nachricht die Ohren. Sie raten Kneip dringend ab, an dem Treffen teilzunehmen. Sie befürchten einen Anschlag. Kneip fährt dennoch hin, begleitet von Personenschützern, Adjutanten und Dolmetscherin. Kurz nach ihm trifft der Chef des 209. Korps der afghanischen Armee mit seinem deutschen Berater Oberst Jürgen-Joachim von Sandrart sowie Polizeichef Doud ein. Von Sandrart betritt als einer der letzten das zweistöckige Gebäude, auch er kann nicht ahnen, dass hinter dem Vorhang in der Empfangshalle ein Koffer steht. Nach 75 Minuten ist das Treffen im 1. Stock vorbei. Markus Kneip geht die Treppe hinunter ins Erdgeschoss, mit ihm der Gouverneur, Polizeichef Doud sowie ein halbes Dutzend Polizisten. Kneips Adjutant Thomas Tholi, sein Personenschützer Tobias Lagenstein und die Dolmetscherin bleiben ebenfalls in der Gruppe. Kneip geht mit dem Gouverneur voraus, die beiden wollen vor der Tür unter vier Augen miteinander sprechen, während Joachim von Sandrart und weitere deutsche Soldaten noch im Büro des Gouverneurs im 1. Stock zurückbleiben.

Plötzlich erbebt der Gouverneurspalast. Eine mithilfe eines Telefons ausgelöste und mit Metallkugeln gespickte Panzerabwehrmine detoniert in der Empfangshalle. Thomas Tholi und Tobias Lagenstein, Polizeichef Doud und sechs Polizisten sind sofort tot. Generalmajor Kneip überlebt schwer verletzt; er hat im Moment der Explosion im Sprengschatten einer Säule gestanden. Im Obergeschoss gibt es keine Opfer. Jürgen-Joachim von Sandrart läuft, seine Pistole in der Hand, die Treppe herunter in die brennende Empfangshalle, in der nun die Munition der getöteten Polizisten explodiert. Blitzschnell erfasst er die Situation, verbindet der schwer verletzten Dolmetscherin die Wunden und kann ihr auf diese Weise das Leben retten. Sieben Menschen kommen bei diesem folgenschweren, höchstwahrscheinlich von einem Innentäter verübten Anschlag ums Leben.

Mutaleb Baig kann nicht nachgewiesen werden, für den Anschlag verantwortlich zu sein, auch wenn er der Nutznießer dieses Terrorakts ist: Sein ärgster Feind, Polizeichef Doud, ist tot, und die Bundeswehr kündigt an, sich schon bald aus Taloqan zurückzuziehen. Lange kann Baig davon aber nicht profitieren. Nun befindet er sich auf der Abschussliste, und diesmal ist klar, von wem: der Taliban. Er steht ihnen im Weg, sie wollen die Macht in Taloqan. Eine Trauerfeier, sechs Monate nach dem Anschlag im Gouverneurspalast, unter den Gästen ein Selbstmordattentäter. Mutaleb Baig wird von der Bombe in Stücke gerissen. Die Taliban bekennen sich zu dem Anschlag. Jeder gegen jeden. Wer soll da noch durchblicken?

Ein Panzer wie ein Pfeil

Lässt sich ein 37-Tonnen-Panzer so in die Luft jagen, dass er sich überschlägt? Und kann man aus extrem gehärtetem und verdichtetem Stahl ohne Schneidbrenner eine einen Quadratmeter große Platte ausstanzen? Antwort: Ist der Sprengsatz groß genug, ist beides kein Problem. 2. Juni 2011, Kandahari-Belt, ein Tal des Baghlan-Flusses, 30 Kilometer nördlich des Außenpostens „OP North". 150 deutsche Soldaten wollen nach Aq Qowl, einem Rückzugsort vieler Taliban. Die Deutschen waren bereits einige Male hier, jetzt sollen sie einen Stützpunkt bauen und für längere Zeit bleiben. Den Taliban passt das nicht, auch wenn sie in Baghlan, ihrer einstigen Hochburg, derzeit nicht viel ausrichten können. Seit einem Jahr haben sie nicht mehr angegriffen, zu verlustreich war hier ihr Kampf gegen die Truppen des Westens. Stattdessen sind sie zur alten Taktik zurückgekehrt: Sie legen Sprengfallen, immer mehr, immer größere, immer verheerendere. Die Zahlen sind ein Graus: Von 9.000 zwischen Januar und Juni 2011 verlegten Sprengsätzen konnten 6.000 entschärft werden, 3.000 sind explodiert, haben 300 westliche Soldaten in den Tod gerissen und hunderte von ihnen verletzt. Die getöteten afghanischen Soldaten, Polizisten und Zivilisten zählt schon keiner mehr.

Mit dieser Regierung und den Ausländern an ihrer Seite gibt es keine Sicherheit. Das ist es, was die Taliban den Menschen mit ihrem Bombenkrieg vermitteln wollen. Und dabei sind sie teuflisch kreativ. Mit ein paar in der Straße vergrabenen Granaten geben sie sich nicht mehr zufrieden. Jetzt nehmen sie 30-Liter-Kanister und füllen sie mit Chlorat und Petroleum. Die Wirkung ist verheerend. Hauptmann Markus Mathes verstirbt drei Tage vor seinem 34. Geburtstag. Nachdem er wenige Wochen zuvor einen schweren Anschlag mit leichten

Verwundungen überlebt hatte und mit dem Ehrenkreuz der Bundeswehr für Tapferkeit ausgezeichnet worden war, gerät Matthes im Mai 2011 mit seinem „Fuchs"-Transportpanzer bei Kundus in eine Sprengfalle, die ein Loch von 80 Zentimeter Durchmesser in den Boden seines Panzers reißt.

Nach Aq Qowl kommen die Deutschen mit „Marder"-Schützenpanzern. Kein Asphalt, sondern Löß auf der Straße, zentimeterhoher Staub. Die Bombe ist nicht zu erkennen. Die sechs Kanister Chlorat und drei Minen werden ausgelöst, als der „Marder" darauf fährt. Der Panzer macht, wie vom Katapult geschleudert, fast einen Salto, der Motorblock wird aus der Verankerung gerissen, Fahrer Alexej Kobelew (24) zermalmt. Das Wrack steckt wie ein Pfeil senkrecht in der Erde, der Krater ist vier Meter tief. In den Unterboden des „Marder" hat die Sprengfalle ein quadratisches Loch gerissen, ausgestanzt, als hätte sich an dieser Stelle eine Metallklappe befunden. Der Kommandant liegt neben der Straße, eine Ärztin ist bei ihm.

Ein amerikanischer Hubschrauber landet, ein Sanitäter steigt aus. „Wo sind die Verwundeten?" fragt er einen der Soldaten. „Einer befindet sich dort drüben in dem Fahrzeug." Der Sanitäter läuft hin: „Wo ist der zweite Verletzte?" fragt er die Ärztin. „Er ist noch im Fahrzeug", antwortet sie. Der Sanitäter läuft die Straße entlang, vorbei an Soldaten, die an Fahrzeugen stehen, 50 Meter weiter ragt das Wrack aus dem Krater. Ein Soldat kommt dem Sanitäter entgegen. „Wo ist er?" fragt der Sanitäter. „Es ist der Fahrer", antwortet der Soldat. „Wir kommen nicht an ihn heran. Er saß vorne links, gleich neben dem Motor. Er steckt in der Erde." - „Wisst ihr, was für Verletzungen er hat?" - „Nein, wir kommen nicht heran."

Vor dem Loch im Panzerboden kniet ein Soldat und schaufelt mit einem Spaten Erde aus dem Wrack. „Könnt ihr irgendwas von ihm sehen“, fragt der Sanitäter. „Nein.“ - „Hat er eine Überlebenschance?“ - „Schwer zu sagen.“ Ein Bergepanzer erreicht die Stelle und zieht das Wrack aus dem Krater. „Hier ist der Fahrer“, ruft ein Soldat. Der Sanitäter tritt hinzu. „Scheiße“, sagt er, hier kann er nicht mehr helfen. Er wendet sich ab und läuft so schnell er kann zum Hubschrauber zurück. Darin liegt der schwer verletzte Kommandant des Panzers mit einer Beatmungsmaske auf dem Gesicht. Der Lärm in der Kabine schwillt an, die Maschine hebt ab, und von oben ist zu sehen, wie deutsche Soldaten den Leichnam von Alexej Kobelew aus dem „Marder“ bergen.

2012

Kriegsversehrte

Kabul, *Büromöbelhändler an der Ausfallstraße zum Flughafen*

Humpelnde Männer, krumme Rücken, schlaff herabhängende Arme, ihre Uniform ein Trainingsanzug, Bundesadler auf der linken Brust, gekleidet wie Spitzensportler, wie Olympiasieger. Versehrte. Kriegsversehrte. Sportschule der Bundeswehr in Warendorf, Gymnastikraum, Heavy-Metal-Musik, Soldaten sitzen auf bunten Matten. Naef Adebar perlt der Schweiß von der Stirn, funktionales Krafttraining schlaucht. „Kameraden, wir gehen in den Liegestütz." Trainer Michael Wieger kennt keine Gnade. Sie fluchen und stöhnen, wissen, dass es anstrengend wird. Drei von ihnen drehen sich auf die Seite, stützen sich auf ihrem gesunden Arm ab, der andere ist taub, die Nerven und Muskeln von Splittern durchtrennt. Andere können den Rücken nicht durchdrücken, die Wirbel sind gebrochen, als sie nach einer Explosion durch ihr Fahrzeug geschleudert wurden, nun sind sie mit Metallplatten versteift. Oberfeldwebel Naef Adebar, der erste Verwundete am Karfreitag 2010, von den Taliban auf einem Feld angeschossen, auch er ist dabei. „Wir beginnen in drei, zwo, eins, jetzt", sagt der Trainer. Die Soldaten beugen die Arme zur Hälfte ein. Adebar ächzt, er tut sich schwer, es kotzt ihn an. Es gab eine Zeit in seinem Leben, da hat er über Übungen wie diese gelächelt. Die sind vorbei. Sein altes Leben, das hat er in Afghanistan gelassen. „Noch zehn", sagt der Trainer. Noch zehn Sekunden lang die Arme beugen. Adebar zittert, seine Kräfte schwinden. „Noch fünf, vier, drei, zwo, eins, und ab!"

Die ersten Schüsse waren von rechts gekommen, aus Gräben, die durch das Feld gezogen worden waren. Adebar hatte sich hingeworfen, mit ihm Maik Mutschke, Martin Augustyniak und Paul Meding, die drei anderen Soldaten der Gruppe. „Rückzug, Rückzug, wir müssen hier runter", hatte Adebar gebrüllt. Fast hätte er es geschafft und die rettende Mauer des Gehöfts erreicht, da hatte es ihn erwischt. Eine Salve aus einer Kalaschnikow, Durchschuss am rechten Ober- und Unterschenkel, Streifschuss an der linken Ferse. „Bin verwundet, liege unter Feuer", hatte er in sein Funkgerät gebrüllt. Paul Meding war zu ihm gerobbt, hatte ihm die Wunden verbunden, während Adebar weiter schoss, das Gewehr über dem Kopf. „Es blutet nicht so stark, du hast Glück", hatte Meding gesagt.

Der Trainer an der Sportschule lässt nicht locker. „Wir strecken Beine und Rücken und heben die Beine zehn Zentimeter über den Boden." Wieder geht ein Stöhnen durch die Reihen.

Drei Soldaten hatten anpacken müssen, um Naef Adebar vom Feld zu schleppen. Dann hatte ihn ein amerikanischer Hubschrauber ins Feldlazarett geflogen, er hatte davon kaum etwas mitbekommen, sie hatten ihm Schmerz- und Beruhigungsmittel gegeben.

Nachmittags in Warendorf. Nach dem Kraft- nun das Ausdauertraining, 15 Kilometer durch den Wald, auch Oberstarzt Dr. Andreas Lison ist dabei. „Diese Männer haben monatelang im Krankenhaus gelegen", sagt er. „Ihre Muskeln sind geschwächt, die Ausdauer hat nachgelassen." Lison leitet das Sportmedizinische Institut der Bundeswehr in Warendorf. Er behandelt verletzte Hochleistungssportler, Olympiasieger, Weltmeister. Fast alle kriegt er wieder fit, das will er auch mit den Versehrten schaffen. „Sie müssen für jede Tätigkeit viel mehr Energie aufwenden als gesunde Menschen. Wenn sie sich ihre Autonomie bewahren wollen, müssen sie fit bleiben und regelmäßig

Kabul,
„Grüne Zone“

trainieren.“ Zwischen dem 30. und 40. Lebensjahr überschreitet der Mensch den Zenit seiner Leistungsfähigkeit. Versehrte erreichen ihn früher, Rücken kaputt, amputierte Gliedmaßen, ständig Schmerzen, der Körper verschleißt schneller. Was das bedeutet? „Tägliches Training, ihr müsst euch quälen, euer Leben lang. Nur dann haltet ihr den vorzeitigen Verfall eures Körpers auf.“ So hat es Lison am ersten Tag des Lehrgangs „Sport für Einsatzgeschädigte“ gesagt.

Einsatzgeschädigte, man könnte auch Kriegsversehrte sagen. Naef Adebar ist 28 Jahre alt. „Wie gern würde ich mich noch einmal so fühlen wie früher“, sagt er. Als sie in Isa Khel seine Wunden versorgten, hatte Nils Bruns, sein Vorgesetzter, seine Hand gehalten. „Wenn ich hier verrecken sollte, dann sag‘ meiner Frau, dass ich sie liebe.“ Das könne er ihr bald selber sagen, hatte Bruns erwidert. Eine Stunde später war Bruns gefallen. „Ich lebe, und Nils ist tot“, sagt Naef Adebar leise. „Manchmal kann ich‘s noch immer nicht glauben.“

Pakt mit dem Teufel

Die Kalaschnikow baumelt von Asadullahs Schulter. Benny trägt das Sturmgewehr G36 quer vor der Brust, die Mündung zeigt zur linken, von der Straße abgewandten Seite, wo die Felder, Mauern und Häuser sind, die Menschen, ihre Tiere und das Leben in Nawabad. Benny läuft vor Asadullah, den Gegner im Rücken zu haben, ist kein gutes Gefühl. Benny wischt den Gedanken beiseite. Asadullah, der Ex-Taliban, ist jetzt ein Verbündeter. Benny kommt aus Viereck im äußersten Nordosten der Republik, anderthalb Jahre lang hat er trainiert für Afghanistan. Kampfeinsatz, Schießkrieg, so nannten das seine Vorgesetzten. Benny stellte sich darauf ein, Taliban zu töten. Jetzt läuft er mit ihnen gemeinsam eine Patrouille.

Benny, Mitte 20, Scharfschütze, Panzergrenadier, kannte den Krieg nicht, bevor er herkam. Asadullah dagegen kennt den Krieg seit seiner Jugend, er ist im Krieg aufgewachsen. Als er zehn Jahre alt war, nahm ihn sein Vater von der Schule. Asadullah musste Geld verdienen, das Leben ist hart in Nawabad, Feldarbeit. Zwischendurch kam mal die eine, mal die andere Kriegspartei ins Dorf. Die usbekischen und tadschikischen Milizen hasste der Paschtune Asadullah. Sie soffen, gierten nach den Frauen und hielten sich nicht an die islamischen Regeln. Als dann die Taliban, seine paschtunischen Brüder, kamen, war er froh, und mit ihm die meisten Bewohner von Nawabad. Nur wenige westliche Soldaten hatten bisher einen Fuß in diesen Ort gesetzt. Es ist Taliban-Land.

Benny sitzt in einem „Dingo“ auf dem Weg nach Nawabad, die Außenwelt ein graues, gleißendes Rechteck auf dem Monitor seines Kaliber-50-Maschinengewehrs. Die Kamera an der Waffe auf dem Dach projiziert das Abbild einer pockennarbigen, grünbraun gefärbten Wüstenlandschaft. Auf dem Monitor die Silhouette eines Mannes, 200 Meter entfernt. Er treibt Rinder über ein Feld, vielleicht ein „Triggerman", der darauf wartet, dass der Konvoi herankommt und dann auf den Knopf drückt. „Jeder von uns hat Angst vor den Bomben", sagt Benny. „Aber du darfst dich nicht verrückt machen lassen. Sonst hältst du es nicht aus und drehst durch." Doch was heißt das schon? In Afghanistan erscheint vieles verrückt, zum Beispiel die neueste Wortkreation der internationalen Truppen: CIPP, „Critical Infrastructure Protection Project", übersetzt: Die Bundeswehr paktiert mit früheren Taliban. Ein Glanzstück semantischer Vernebelung der Kriegsrealität. Söldner, vom Westen gekauft. Asadullah ist einer von ihnen.

Am Rande von Nawabad schlagen die Grenadiere ihr Lager auf, die Januarsonne scheint auf die Eiskristalle auf dem Boden. Die Autos und Panzer stehen im Kreis, die Waffen nach außen, nach Nawabad. Man weiß nie, was von dort kommt. Die Kommandeure sagen, der Ort sei sicher, es gebe dort keine Taliban mehr, nur noch Verbündete. Man könnte aber auch sagen, die Taliban halten sich zurück und warten ab, bis der Westen abgezogen ist. „Wir wissen nicht, was in den meisten Dörfern hier läuft, wer dort die Macht hat", sagt ein Offizier der Bundeswehr. Das wird auch so bleiben. Die Deutschen wollen nicht mehr kämpfen, sie wollen keine Toten mehr, keine Verwundeten. Sie wollen nur noch weg.

Soldaten bauen Zelte auf, stellen Feldbetten hinein, so dicht, dass man beim Umdrehen mit dem „Arsch im Gesicht des Nachbarn landet". So reden sie und liegen nachts, bitterkalt, der Himmel sternenklar, in Schlafsäcken, geschlossen bis über den Kopf, die Außenhülle am Morgen eisbedeckt. Bibbernd stehen sie um einen Gaskocher herum, stoßen Dampfwolken in die Luft, erwärmen Kaffeewasser in einem Topf, essen dazu Roggenvollkornbrot mit Pfirsichmarmelade und Schweinelyoner aus der Dose.

Wird die Bundeswehr tatsächlich abziehen, so wie die Politiker es wollen? „Wir müssen noch bleiben, wir sind noch lange nicht fertig hier", sagt Benny. „Oder sollen die Gefallenen und Verwundeten umsonst gewesen sein?" Die Sinnfrage, sie stellt sich auch für Asadullah. Er ging zu den Taliban, er nahm Schutzgeld von den Bauern, von Leuten wie ihm, von armen Leuten. Viel zu holen gab es nicht. Die Taliban boten ihm mehr Geld, dafür, gegen die Besatzer zu kämpfen. So bezeichnen sie die westlichen Soldaten. Soldaten wie Benny. Nein, sagt Asadullah, grauer Bart, weißes Haar, grüner Salwar Kamiz, die Füße in Socken mit dem Aufdruck „Sport", nein, was er getan hat im Kampf gegen die Ausländer, darüber wolle er nicht reden. „Wir sollten die Vergangenheit ruhen lassen", sagt er. „Nun bin ich ein Soldat wie ihr." Bennys Zugführer fragt den Dolmetscher irritiert, ob er tatsächlich „Soldat" gesagt habe. Asadullah nickt. „Ich bin ein Soldat meines Landes, ich diene Afghanistan", sagt er. „Und wem dient er, wenn wir wieder fort sind", fragt der Zugführer. „Das weiß nur Gott", antwortet Asadullah. Der Zugführer rollt die Augen, blickt zur Seite und stöhnt leise: „Wer soll denn da noch durchblicken?"

Dann wechselt er das Thema. „Wie viele Leute kann er mir mitgeben?" fragt er Rudi, den Dolmetscher. Rudi heißt eigentlich gar nicht Rudi, aber sein afghanischer Vorname ist den deutschen Soldaten zu kompliziert. Rudi spricht Englisch. Gebrochen. Nun antwortet Asmat, der sich als Chef des Polizeipostens vorstellt: „Sechs". Der Zugführer nickt. „Wir warten vor dem Posten." – „In 15 Minuten sind wir fertig", sagt Asmat.

Die Bundeswehr beschäftigt hunderte Leute wie Rudi, junge Männer, die mit den Soldaten leben und niemandem erzählen, womit sie ihr Geld verdienen. „Nach dem Abzug der Bundeswehr ist jeder von uns in Gefahr", sagt Rudi. Er meint die Dolmetscher und all die anderen Afghanen, die für den Westen arbeiten. Er spart, um rechtzeitig vor dem Abzug mit seiner Familie das Land zu verlassen. Und Benny, der Scharfschütze? „Hier kannst du keinem vertrauen", sagt er, während aus dem Funkgerät die Stimme des Zugführers knarzt: „Seid freundlich, es sind unsere Verbündeten!" Und Benny ergänzt leise: „Verbündete, die uns in den Rücken schießen." Erst kürzlich ist dies auf einem französischen Stützpunkt nahe Kabul geschehen, mal wieder, es gab vier Tote und viele Verletzte. „Krasse Geschichte, kann aber passieren in diesem Krieg", sagt Benny.

Oder man stirbt durch einen Selbstmordattentäter. „Ein Mann auf Krücken, 25 bis 30 Jahre alt, er wartet auf uns", warnte der Kompaniechef vor der Patrouille. „Seid aufmerksam und sorgt dafür, dass er mit genügend Abstand explodiert! Das ist nicht schön, aber gesünder für uns." Nicht einer der Soldaten hat gegrinst, und zum Lachen ist die Situation in Afghanistan schon gar nicht. „Eine der besten Waffen bei der Aufstandsbekämpfung ist nicht die Schusswaffe, sondern Geld, Geld und nochmals Geld", sagen die Kommandeure in Kabul, und die amerikanischen Militärexperten sehen es ebenso. „Counterinsurgency", Aufstandsbekämpfung, mit diesem Begriff werfen sie gerade nur so um sich in Washington, zitieren Vietnam,

Malaysia, sogar die sowjetische Invasion in Afghanistan, so als wäre auch nur einer dieser Kriege gegen Aufständische erfolgreich gewesen.

Selbst die Bundesregierung will nun mit Geld retten, was nicht mehr zu retten ist. Sie redet aber nicht darüber, vor allem nicht darüber, dass sie Soldaten zu Geldkurieren für Asadullah & Co. macht. Die Diskussion darüber, ob dies zulässig sei, will in Berlin niemand führen. Nach Kabul, Mazār-i Scharif und Kundus kommt das Geld im Flugzeug, nach Chahar Darreh zum Polizeichef im deutschen Panzer. Die Übergabe erfolgt im Koffer, konspirativ, wie früher bei der Mafia. Auch deutsches Steuergeld. Kommt es an, wo es ankommen soll? Ja, sagt Asadullah. 7.000 Afghani, umgerechnet 135 Dollar, zahlt ihm die Polizei aus. Jeden Monat. Dafür muss er nach Chahar Darreh fahren und sich das Geld für seinen Verrat abholen. Für ihn ist das kein Problem, man kämpft, wechselt die Seiten und kämpft weiter. „Ich werde immer alles tun, was nötig ist, um meine Kinder zu ernähren", sagt er. „Wir wissen von Kämpfen zwischen rivalisierenden, regierungstreuen Milizen, die eigenmächtig Steuern erheben oder gleich wieder ganz bei den Taliban anheuern", berichten deutsche Offiziere.

„Marsch!" Es ist die Stimme des Zugführers im Funkgerät. Er solle nach hinten blicken, sagt Benny zu seinem Nebenmann, zu Asadullah und den anderen Ex-Taliban. Am Wegesrand stehen Einheimische auf Wällen, wie das Publikum im Stadion, stumm und regungslos. „Bei allem, was die durchgemacht haben, kann ich verstehen, dass die uns nicht bejubeln", sagt ein Soldat. „Sie misstrauen uns, so wie wir ihnen misstrauen." „Stopp!" Der Zug hält an. Der Zugführer befragt einen Mann

***Kabul,** die Autotür geöffnet gegen die Hitze, den Schal vor dem Mund gegen die Abgase*

nach zwei Taliban-Kommandeuren aus Pakistan. Sie sollen in Nawabad junge Männer rekrutieren. „Nein, nichts gehört."

Links die Moschee, gegenüber das Gästehaus, grün verputzte Mauer, angeblich der Unterschlupf der beiden gesuchten Taliban. Ein Gerücht, die Soldaten wissen nichts Konkretes, wie so oft. Jugendliche im Hof der Moschee, schwarze Turbane, finstere Blicke über den Zaun. „Irgendwo hier soll sich eine Bomben-Werkstatt befinden", sagt der Zugführer. Er lässt den Blick schweifen. Häuser, Mauern, Gassen, irgendwie alles feindselig. Asmat kommt heran, der Polizist. „Investigator", tuschelt er geheimnisvoll, der Zugführer blickt ihn skeptisch an. Ein Investigator der Polizei beschatte den Bombenbauer, es sei einer seiner Leute, sagt Asmat, er habe alles im Griff, sie bräuchten nicht weiter nach ihm zu fragen. „Gäbe es diesen Investigator, wüssten wir das", sagt der Zugführer.

Er hat seine Meinung über Asmat. Er nennt ihn Faulenzer. Asmat und seine Polizisten, wenn nicht gerade die deutschen Soldaten auf einer gemeinsamen Patrouille bestehen, dann bleiben sie lieber in ihrem Stützpunkt. Das ist sicherer. Und Asadullah, der Ex-Taliban, so sagt der Zugführer, beschattet auch niemanden, schon gar nicht einen Bombenbauer seiner früheren Compagnons. Asadullah bekommt Geld, um die Füße still zu halten. „Wir kaufen uns das Gefechtsfeld für den Rückzug feindfrei", sagt ein deutscher Soldat spöttisch.

Taliban, die keine Taliban sind, solange sie Geld vom Westen bekommen. Keine zwei Jahre mehr, dann sind sie weg, die Deutschen, nicht nur aus Nawabad, sondern aus dem ganzen Land. Was danach wird? Das ist das Problem der Afghanen.

ZWISCHENFAZIT
2012
Zehn Jahre Krieg – eine Bestandsaufnahme

Kabul, *Tier- und Fleischmarkt mit Hühnergehege*

Im zehnten Jahr des Afghanistan-Einsatzes führten deutsche Soldaten Krieg. Sie kämpften, sie töteten, sie starben, und sie paktierten mit Halsabschneidern. Wofür? Drei Antworten: Erstens: Damit sich die Regierung in Kabul, vom Westen installiert und anerkannt, an der Macht halten konnte. Eine korrupte, teilweise verbrecherische Regierung, die von den Menschen nur deshalb noch nicht verjagt worden war, weil die Taliban noch schlimmer waren. Zweitens: Damit die Taliban in die Defensive gedrängt wurden in der Annahme, mit ihnen anschließend aus einer Position der Stärke über Frieden verhandeln zu können. Drittens: Um Zeit zu gewinnen, Zeit, um Armee und Polizei aufzubauen, auszurüsten und zu trainieren. Spätestens ab 2014 sollen sie allein gegen die Taliban kämpfen können. Darum ging es im zehnten Jahr des Afghanistan-Krieges, um nichts anderes, nicht um Wiederaufbau, nicht um Mädchenschulen, nicht um Demokratie. Das war nicht mehr viel. Doch selbst diese Ziele waren in weite Ferne gerückt.

Denn erstens tat die Regierung in Kabul alles, um sich selbst zu demontieren. Minister, die Ämter und Posten in ihrem Verantwortungsbereich verkauften, die mit kriminellen Banden zusammenarbeiteten, die endemische Korruption und Patronage der Staatsvertreter ließen die Menschen am Nutzen des Staates zweifeln. Die Milliarden des Westens versickerten in einer kleinen parasitären Schicht. Mehr als die Hälfte der Afghanen lebte von einem Dollar am Tag, die Hoffnung auf ein besseres Leben starb mit jedem Morgen ein bisschen mehr. Der Westen sah nicht nur zu, er machte mit, finanzierte eine Regierung, die ihn an der Nase herumführte, die versprach, es besser zu machen, um dann noch mehr Warlords, Drogenbarone und Kriegsverbrecher in Staatsämter zu befördern.

Denn zweitens dachten die Taliban gar nicht an Frieden. Mit wem sollten sie auch verhandeln? Die Regierung in Kabul erkannten sie nicht an. Blieb der Westen. Doch der wollte, dass die Taliban mit der Regierung verhandeln. Ein Dilemma: „Ihr habt die Uhren, wir haben die Zeit“, lautet ein klischeehaftes, aber treffendes Sprichwort in Afghanistan. Die Taliban verloren gegen die ausländischen Truppen ein paar Gebiete, na und? Sie mussten nur warten, bis der Westen seine Soldaten abgezogen hatte.

Denn drittens nützten alle Polizisten und Soldaten, alle Waffen und alles Kriegsgerät nichts, wenn die Menschen gar nicht von ihnen beschützt werden wollen. Die Menschen wollten vor allem Ruhe, Frieden und Stabilität, doch die Soldaten und Polizisten bewirkten das Gegenteil. Sie schufen keine Jobs, errichteten keine Krankenhäuser, brachten kein Trinkwasser. Sie brachten den Krieg, nicht den Frieden. So empfanden das immer mehr Menschen in Afghanistan. Der Westen hatte ein paar Afghanen reich gemacht, doch die meisten steckten noch immer in tiefer Armut. Sie spürten nicht, dass es besser wurde, im Gegenteil. Die alten Geister aus der Zeit des Bürgerkriegs in den 1990er Jahren, sie waren zurück, die Warlords, die Milizen, die Profiteure von Chaos und Gewalt, denen Menschenrechte keinen Pfifferling wert sind, die ihre Millionen in Immobilien und Wertpapieren anlegten, in Dubai, Ankara, Teheran, London und München. So lange der Westen Milliarden in ihr Land pumpte, um es zu befrieden, taten die Kriegsgewinnler alles, den Frieden zu verhindern. Der Krieg ernährte den Krieg.

Auf zwei Milliarden Dollar beliefen sich 2011 die wöchentlichen Kriegskosten allein für die USA. Sie hatten 2001 nach

***Kabul,** Kreisverkehr mit Verkehrspolizist vor Minarett und Werbeplakat für „High-Speed-Netz“*

Afghanistan gewollt, um gegen das Terrornetzwerk von Osama bin Laden zu kämpfen, die anderen Länder waren gefolgt. Zehn Jahre später hatten sie, was sie wollten: Bin Laden war tot. Nach der Kommandoaktion in Abbottabad am 2. Mai 2011 wollten die Amerikaner nur noch weg. Das Jahresende 2013 markierte die rote Linie. Bis dahin sollten die Truppen abgezogen sein, dann sollten sie nicht mehr kämpfen, sondern nur noch ausbilden.

Warum 2013, warum nicht 2014 oder 2012? Weil der Präsident der Vereinigten Staaten unterstellte, es würde ihm und seiner Partei bei den Wahlen 2016 nützen, die Truppen heimgeholt zu haben. Und dann? Was würde dann mit Afghanistan? 400.000 Soldaten, Polizisten, Milizen, bezahlt vom Staat, also vom Westen, gegen die Taliban, die teilweise aus denselben Familien, Clans und Stämmen stammten. Der eine Bruder bei der Armee, der andere bei der Polizei, der dritte bei den Taliban. Das war in vielen Familien normal. Würden die einander ernsthaft bekämpfen?

2013

Wie Fleisch in einem Sandwich

Kabul, *Haushaltswarengeschäft, davor Melonenverkäufer an der Straße, Nationalflagge darüber*

Checkpoints, Bunker, Betonmauern, Kabul verbarrikadiert sich. Schritttempo, jede Kreuzung, jeder Kreisverkehr ein Nadelöhr. Polizisten regeln den Fahrzeugstrom, winken mit rot-weißen Kellen und pusten in Trillerpfeifen, mitten auf der Straße, stoisch wie Denkmäler, bis an die Zähne gepanzerte Spezialpolizisten, ihre Kalaschnikow quer vor der Brust. Sie blicken in Fahrzeuge, ihre Blicke tasten die Insassen ab. Sie suchen nach Selbstmordattentätern. Zwei Gruppen sollen sich gerade in der Stadt befinden, es ist unklar, aus wie vielen Personen sie bestehen. So sagt es das Risiko-Management-Büro der deutschen Gesellschaft für Internationale Zusammenarbeit (GIZ). Stop-and-Go, Meter um Meter, Stoßstange an Stoßstange, an jeder Kreuzung verzweifelte Opfer der Kriege, Arm- und Beinprothesen. „One Dollar, please“, bitten die Bettler.

Wahid Mozhda, Chefredakteur der afghanischen Nachrichtenagentur Bost News, hat sein Büro im Westen. Der Weg mitten durch die Stadt dauert eine Stunde, das Ausweichen ist nur über den Stadtrand möglich, aber dort sind gerade die Taliban. Also lieber nicht. Mozhda, weißes Haar, schwarzer Anzug, sitzt auf einer Couch, vor ihm eine Kamera, zwei Journalisten stellen Fragen. Mozhda ist seit 30 Jahren Journalist, Überlebenskünstler und ein begehrter Gesprächspartner in Afghanistan. Für alle Seiten. Vor einigen Wochen erhielt er einen Anruf, Reise nach Qatar, ein Symposium, Titel „Hindernisse und Schwierigkeiten bei der Anbahnung von Verhandlungen zwischen den Taliban und der US-Regierung“. Er war eingeladen. Die Taliban wollten ihn dabeihaben, wenn sie mit den Amerikanern reden. In Mozhdas Büro ist es kalt, ein Gaskocher zischt, das Feuer verbreitet ein wenig Wärme, entzieht der Luft aber den Sauerstoff. Mozhda japst nach Luft und stellt den Kocher wieder ab. Der Westen zieht bald ab, die Bevölkerung bleibt zurück. Wie groß sind die Ängste der Menschen? Mozhda stöhnt. „Sehen Sie, in unserem Land gibt es große Unterschiede zwischen Stadt und Dorf. Die Dörfler waren schon immer traditionell, konservativ, rückständig und widerspenstig. Die Mudschaheddin kamen vom Dorf, sie haben die Sowjets besiegt und danach Kabul zerstört. Die Taliban kamen vom Dorf, sie haben das Land erobert und jegliche städtische Kultur verboten. Die heutigen Taliban stammen ebenfalls vom Land. Sie führen einen Kampf gegen die Städter."

Als die Taliban 1996 kamen, lebten 200.000 Einwohner in Kabul, heute sind es 4,5 Millionen, geschätzt. Genau weiß das niemand. Städte wie Herat und Mazãr-i Scharif, selbst die ehemalige Taliban-Hochburg Kandahar, ziehen junge Leute magisch an. Sie suchen Bildung, Arbeit und eine Perspektive jenseits der Armut. Dank dieser jungen Leute entstehen urbane Subkulturen, Universitäten, Studentenorganisationen, politische Zirkel. Smartphones und Englisch sind so selbstverständlich wie das Schimpfen auf die korrupte Regierung. Tradierte Verhältnisse lösen sich auf, eine Generation wächst heran, die traditionelle Herrschaftsstrukturen infragestellt. Diese Generation gefährdet die alten Machtverhältnisse. Soll Afghanistan eine Zukunft haben, in der die Eliten nicht wieder vor der Gewalt der „Dörfler" fliehen müssen, wird entscheidend sein, wie die Verhandlungen mit den Taliban ausgehen. „Ich habe den Taliban in Qatar gesagt, dass sie die Amerikaner besiegen können, ihr Sieg aber nicht nachhaltig sein werde. Sie können kämpfen, aber sie vermögen es nicht, das Land aufzubauen, zu verwalten und zu führen." Wahid Mozhda hat den Taliban seine Meinung gegeigt, sagt er.

Was wollen die Taliban? „Sie wollen an der Macht beteiligt werden", sagt Mozhda. „Es hat erste Gespräche mit den Amerikanern gegeben, die zur Entlassung fünf ranghoher Taliban-Kommandeure aus Guantanamo geführt haben." Die Regierung in Deutschland betont, nicht die Amerikaner müssten mit den Taliban verhandeln, sondern die afghanische Regierung. Mozhda schnauft wieder, verdreht die Augen. „Das Problem ist, dass die Regierung keine Lösung für den Konflikt in unserem Land hat. Sie will einfach nur, dass die Taliban ihre Waffen niederlegen und sich reintegrieren. Doch das ist unrealistisch. Die Taliban verstehen sich als Sieger. Sie lassen sich nicht vorschreiben, was sie tun sollen."

Angeblich ist „das Momentum der Taliban" gebrochen, heißt es bei der Nato. Mozhda lächelt nachsichtig. „Vor einigen Wochen saß hier Barnett Rubin. Ich habe ihn gefragt, warum die Amerikaner nach Afghanistan gekommen seien. Um Terror und Drogenanbau zu bekämpfen, antwortete er. Keines dieser Ziele hätten sie erreicht, erwiderte ich. Die Terroristen seien nach Pakistan und Somalia weitergezogen, und der Drogenhandel sei förmlich explodiert."

Barnett Rubin gehört zu den einflussreichsten Afghanistan-Experten in den USA. Er berät den US-Sondergesandten. Ob das stimmt, was Mozhda sagt? Dichtung und Wahrheit bilden in Afghanistan oft eine Symbiose, für einen Westler sind sie schwer zu durchdringen. Die Ressentiments gegen die Amerikaner sind tief ausgeprägt. „Die Amerikaner sind nicht hier, um Terroristen zu bekämpfen", sagt Mozhda zum Abschied. „Sie haben ein Interesse am Mohnanbau in Afghanistan, um ihren Krieg zu finanzieren. Denken Sie an die Iran-Contra-Affäre!"

„Iran-Contra-Affäre", in den 1980er-Jahren hatte die Reagan-Regierung Einnahmen aus geheimen Waffenverkäufen an den Iran den Contra-Rebellen in Nicaragua zukommen lassen, um sie im Kampf gegen die Sandinisten zu unterstützen. Zugleich schmuggelten die Contras mit Duldung der CIA Kokain in die USA. Die Amerikaner stünden hinter dem explodierenden Drogenanbau in Afghanistan, lautet eine unter Afghanen verbreitete Theorie. Eine Verschwörungstheorie.

Während der Fahrt zurück ins Zentrum schickt das Risiko-Management-Büro der GIZ eine SMS: Selbstmordanschlag in Khal-e-Zal. Diesen Stadtteil sollte man jetzt also besser meiden. „Grüne Zone", Eijaz, Mauj, Ramin, Samir, Noori und Sahar sitzen in einem Büro, sie studieren Medizin, Bauingenieurwesen und Informatik, sie sprechen Englisch und Deutsch, und sie waren ein paar Wochen lang in München, Frankfurt und Hamburg. Ihnen hat der Krieg nicht die Kindheit und auch noch nicht die Träume geraubt. Sie konnten lernen, haben eine Wohnung, Freunde und Eltern, die ihnen das Studium finanzieren. „Ich sehe drei Hauptgefahren für Afghanistan nach dem Abzug des Westens: politisches Vakuum, wirtschaftlichen Stillstand und die Unfähigkeit der Armee, das Land gegen die Taliban zu verteidigen", sagt Eijaz. „Die Regierung ist nicht in der Lage, das Land aufzubauen und dessen Sicherheit zu gewährleisten. Ohne politische Stabilität aber kommen wir nicht auf die Beine." Auch Ramin ist illusionslos: „Mit dem Geld, das die Staaten der Welt in den vergangenen elf Jahren hier investiert haben, könnten wir unser Land pflastern. Wir haben unvorstellbare Summen bekommen, aber Sie sehen ja, was unsere Politiker damit gemacht haben: Sie haben es über die Grenze geschafft, sonst nichts." Der Westen unter-

***Kabul,** Straßenszene, dahinter ziehen sich Hütten und Wohnhäuser den Hang hinauf*

stütze die Falschen, ist sich Samir sicher: „Die Politiker werden unser Land wieder zugrunde richten. Wir, die jungen Leute, sind die Zukunft. Nutzt unser Potenzial, aber sagt uns nicht, wir müssten Geduld haben." Sahar ist die einzige Frau in der Runde. „Ich will nicht mehr länger die Explosion der Bomben hören", sagt sie. „Wir wollen endlich in Frieden leben. Dazu brauchen wir eine Polizei und Armee, in der nicht nur ungebildete Dörfler und ehemalige Mudschaheddin, sondern auch gebildete junge Städter dienen." Mauj meint, die Armee werde von den afghanischen Politikern missbraucht. „Damit will ich nichts zu tun haben."

Die Taliban sind elf Jahre nach Beginn der westlichen Intervention so real wie die Korruption. Sie sind zurück, und sie sind mächtig. Sie halten die westlichen Truppen, die afghanische Armee, Polizei und Regierungsmilizen, alles in allem gut eine halbe Million bewaffnete Kräfte, in Atem. Zwischen den Fronten steht die Bevölkerung, eingezwängt wie ein Stück Fleisch in einem Sandwich. Die jungen Leute, Eijaz, Mauj, Ramin, Samir, Noori, Sahar sind das Stück Fleisch und verlieren langsam die Hoffnung.

Mazăr-i Scharif, Camp „Shaheen", Standort von mehr als 4.000 afghanischen Soldaten, eine große Baustelle, Arbeiter vor grauen Gebäuden, die sie in den Wüstensand gemauert haben. Radlader und Walzen am Rand sandiger Pisten, die einmal asphaltierte Straßen werden sollen. Hier entsteht eine Militärschule, Unterkunfts- und Lehrgebäude, Sporthalle, Speisesäle, Park- und Übungsplätze. Deutsches Geld, 25 Millionen Euro, deutsche Spezialisten. Oberst Jörg Busch, Bundeswehr-Ingenieur aus Ingolstadt, führt über die Baustelle, er kennt sie wie seine Westentasche. „Das ist der Speisesaal“, sagt er und deutet mit dem linken Arm in das Rund. „Das werden die Küche und die Essensausgabe.“ Er zeigt nach links: „Und dort werden die Offiziere speisen, mit schönem Blick nach draußen.“ Er zeigt nach rechts, alles ist solide gearbeitet, es gibt nichts zu meckern. Drüben eine Straße, eine riesige Fläche aus gewalztem Sand, Planierraupen, Walzen, Radlader, Bagger, Kräne, Kipper, in allen Größen, soweit das Auge reicht.

Soldaten in grünen Uniformen, afghanische Soldaten, hocken in Schaufeln, auf Greifern, in Führerkabinen. Sie tun nichts, missmutiger Blick. Ein belgischer Unteroffizier begrüßt Busch. „Die Fahrzeugtanks sind leer, weil der Kommandeur keinen Sprit angefordert hat.“ Der Soldat blickt zerknirscht, die Afghanen dösen. Busch nickt, das altbekannte Problem. „Es hapert nicht am Material, sondern an vorausschauender Planung.“ Hunderte Baumaschinen, modernes Gerät, finanziert von den Amerikanern, Millionenwerte, stehen auf einem Abstellplatz, weil Kommandeure der afghanischen Armee nicht in der Lage sind, rechtzeitig den Sprit zu ordern.

Oberst Busch macht ihnen keine Vorwürfe. „Es liegt in ihrer Mentalität, in ihrem Verständnis vom Leben, geprägt von drei Jahrzehnten Krieg, in denen keine Relevanz hatte, was in zwei oder drei Wochen sein würde, sondern nur, wie sie den nächsten Tag überleben. Sprit beschafften sie in dem Moment, in dem er benötigt wurde. Jetzt sollen sie wissen, wann der Betriebsstoff ausgehen könnte und rechtzeitig Nachschub ordern. Für jemanden, für den es im Leben bisher als einzige Konstante die Ungewissheit gab, gleicht das einem Kulturschock.“

Oberst Ahmadullah ist der Mann, dessen Unterschrift für den Sprit fehlt. Er sitzt in seinem Büro auf einer Couch und plaudert mit seinem Cousin, auch er ist Soldat, in Südafghanistan, und gerade in der Nähe. Gibt es ein Problem mit der Spritversorgung? Oberst Ahmadullah guckt entrüstet und hebt abwehrend die Hände: „Nein, daran scheitert die Ausbildung nicht. Die vielen defekten Maschinen, die bereiteten mir Sorge. Wir haben niemanden, der sie reparieren kann." Moderne Baumaschinen aus Amerika und niemand, der sie reparieren kann? Ahmadullah zuckt mit den Schultern. „Wir bilden Maschinenbediener aus, keine Mechaniker." Und wer repariert die defekten Maschinen? Wieder zuckt er mit den Schultern.

Von Faizabad nach Frankfurt

Was hat Frankfurt am Main mit dem Afghanistan-Krieg zu tun? Heroin. In Frankfurt spritzen schwer Heroinabhängige Diamorphin, beaufsichtigt von Ärzten, finanziert von Krankenkassen und Stadt. Diamorphin ist die chemische Bezeichnung für Heroin, eine Ersatzdroge, ein Medikament, legal. Ein Tabubruch, als Frankfurt vor 20 Jahren damit begann. Heroinabhängige waren für die Frankfurter Politiker Kranke. In anderen Städten sind es Kriminelle, die andere Kriminelle anziehen. Drogenhändler, die an der Sucht verdienen. Heroin ist ein gutes Geschäft. Ein Geschäft, das den Krieg in Afghanistan befeuert. Die Drogen sind das Schmiermittel aller Kriegsparteien. Je mehr Menschen in der Welt an der Nadel hängen, desto länger dauert der Krieg am Hindukusch. Es ist ein Krieg, der sich selber speist, auch in anderen Teilen der Welt, in Kolumbien, im Kongo. Krieg als Wirtschaftsmodell, wie die Marktwirtschaft in Deutschland. Vorbei die Zeit, in denen Kriege geführt wurden, um den Gegner auszubluten. Heute werden sie geführt, um sie am Leben zu erhalten und um Geld zu verdienen. So ist das jedenfalls in Afghanistan.

Jahr für Jahr sterben 200.000 Menschen an der Heroinsucht. So steht es im Weltdrogenbericht der Vereinten Nationen (UN). Die folgenden Zahlen zum afghanischen Drogengeschäft stammen aus dem Jahre 2008. Um ein Kilogramm Opium zu produzieren, müssen 20.000 Mohnkapseln angeritzt werden. Das entspricht eine Anbaufläche von 400 Quadratmetern, einem halben Handballfeld. Aus 15 Kilogramm Opium lässt sich ein Kilogramm reines Heroin gewinnen. Dessen Schwarzmarktwert in Tadschikistan beträgt 30 Gewehre vom Typ AK-47 oder 1.400 Euro. Die Drogenhändler in London verkaufen ein Gramm Heroin für 70 Euro, das macht 70.000 Euro für ein Kilogramm Heroin. Im Jahre 2007 ernteten 3,3 Millionen afghanische Bauern 8.200 Tonnen Opium. Von Januar bis Dezember 2008 konsumierten weltweit 14 Millionen Abhängige 375 Tonnen Heroin. Von den 60 Milliarden US-Dollar Jahresumsatz der globalen Drogenmafia blieben vier Milliarden in Afghanistan, 53 Prozent des Bruttoinlandsproduktes. Alle Angaben stammen von den Vereinten Nationen.

Die Einnahmen der Kriegsparteien aus dem Drogengeschäft entsprechen der Hälfte des Bruttoinlandsprodukts Afghanistans. Wenn der Frieden zu Recht und Ordnung führt und zu einem Verbot der Opiumproduktion, warum sollte in Afghanistan jemand am Frieden interessiert sein? Alle afghanischen Kriegsparteien verkaufen Drogen und kaufen davon Waffen, Söldner, Menschen. „Geht endlich gegen den Drogenanbau vor“, sagen westliche Regierungen seit Jahren, wenn sie Afghanistans Präsidenten Hamid Karzai treffen. Was pflegt er zu antworten? „Das Angebot regelt die Nachfrage. Fangt erstmal bei euch an.“

Westliche Soldaten kämpfen in Afghanistan gegen Taliban, die mit Drogen Kämpfer und Waffen bezahlen, Drogengeld, das sie in den Gesellschaften verdienen, aus denen die Soldaten kommen. Westliche Soldaten paktieren mit Warlords, die mit Drogen Kämpfer, Waffen und Immobilien bezahlen, Drogengeld, das sie in den Gesellschaften verdienen, aus denen die Soldaten kommen. Westliche Soldaten unterstützen eine Regierung in Kabul, die mit Drogen Kämpfer, Waffen und Immobilien bezahlt. Drogengeld, das sie in den Gesellschaften verdient, aus denen die Soldaten kommen.

Diamorphin ist Gift. Gift für das Geschäft der Drogenhändler, der Kriegsparteien in Afghanistan, der Kriegsgewinnler, der Mohnbauern, der Familien der Bauern. Inzwischen gibt es ein paar tausend Heroin-Abhängige weltweit, die Diamorphin spritzen. Ein paar tausend von 14 Millionen.

Major Farid, Rufname „Sammy“

„Sammy" ist Ende 30, schwarzes Haar, dunkle Augen. In eine sandfarbene Fliegerkombi gekleidet, lehnt er in einem Sessel, vor ihm dampfender Tee, in der Hand hält er ein paar Nüsse. Gegenüber auf Sofas sitzt ein Dutzend Piloten, die beifällig murmeln, wenn Major Farid, Rufname „Sammy", mal wieder in Erinnerungen schwelgt. Major Farid spricht gern über die Vergangenheit. Sehnsüchtig fällt der Blick auf ein Foto auf seinem Tisch, ein Bild von Ahmed Schah Massud. „Ich habe ihn oft an die Front und zur Behandlung nach Tadschikistan geflogen." Andächtiges Nicken auf den Sofas. Massud litt unter einem Nierenschaden. „Er war ein großartiger, respekteinflößender Mann. Wir haben ihn alle geliebt." Heftiges Nicken auf den Sofas.

Das sehen viele Menschen in Afghanistan anders. Massud, Führer der Nordallianz und schärfster Gegner der Taliban, wird zwei Tage vor dem 11. September 2001 ermordet. Für viele Afghanen war er ein Kriegsherr wie viele andere. Einer, der Gewalt und Leid über Afghanistan gebracht hat, rücksichtslos und kriminell. Major Farid, der beste Hubschrauber-Pilot der afghanischen Luftwaffe, auf welcher Seite steht er? Für wen kämpft er? Für sein Land, für eine von Paschtunen geführte Regierung, die er einst an der Seite Massuds bekriegt hat? „Er hätte unser Land geeint", sagt er. Er meint Massud. Präsident Hamid Karzai meint er nicht.

Farid nimmt seinen Helm „Made in USA", er trägt ihn lässig unter dem linken Arm wie die Piloten in amerikanischen Filmen. Er hat eine Mission, einen Außenposten im Osten. Dort warten sie auf Personalersatz und Nachschub. Seit fünf Jahren fliegt Farid wieder. Lange war er unsicher, ob er sich für diese Regierung, für dieses Afghanistan engagieren soll. Doch das Fliegen sei nun mal so schön, sagt er, und außerdem bringe es Geld. Er lernte auf Helikoptern der früheren afghanischen Armee, alte Sowjet-Maschinen, Beutewaffen in den Händen von Massud. Damals war Farid Anfang 20. Dann kamen die Amerikaner, eine neue afghanische Luftwaffe sollte entstehen, es fehlten Piloten, Piloten wie Major Farid, jung, fit und lernwillig. Mit 33 Jahren heuerte Farid bei der afghanischen Luftwaffe an, lernte Englisch, die Amerikaner schickten ihn nach Tschechien zum Flugtraining auf sowjetischen Hubschraubern, dann nach Alabama zum Kurs für Elitepiloten. Das ist fünf Jahre her. Als er nach Kabul zurückkam, feierten sie ihn in seinem Geschwader als Helden.

Die Sonne prallt auf die Betonplatte, gleißendes Licht, brutale Hitze. Major Farid läuft vom Staffelgebäude zu seinem Hubschrauber, gelassenen Schrittes, er hat es nicht eilig. Der Flug ist reine Routine, nichts Besonderes. Mit einer Notlandung oder dem Abschuss müsse man immer rechnen, sagt er, umgeht Helikopter und Flugzeuge, rechts ein Dutzend C-27, zweimotorige Transportflugzeuge, gekauft von den Italienern, links Mi-35, grün-blau lackiert, gepanzerte Kampfmaschinen der Lüfte, spendiert von der Nato. Die Sowjets machten mit diesen Hubschraubern in Afghanistan ganze Dörfer platt. Farids Maschine, ein Transporthubschrauber Mil Mi-17, steht am Ende des Rollfeldes. Er rüttelt an der Tür, sie ist verschlossen. Den Schlüssel haben die Techniker, tschechische Monteure, sie sind vermutlich beim Mittagessen. Wenn die Ausländer den Schlüssel ziehen, bleibt die afghanische Luftwaffe am Boden. Das ist nicht das einzige Problem.

Das von den Amerikanern ausgegebene Ziel, die aus 140 Kampf- und Transportflugzeugen sowie Hubschraubern bestehenden afghanischen Luftstreitkräfte bis Ende 2014 einsatzfähig zu machen, ist utopisch. Es fehlen Piloten, die meisten Interessenten können nicht lesen und schreiben, geschweige denn Englisch. Im Frühjahr brachen die amerikanischen Ausbilder einen Lehrgang für Piloten ab, weil die meisten Flugschüler dem englischsprachigen Unterricht nicht folgen konnten. Irgendwann soll die afghanische Luftwaffe 8000 Soldaten haben, voll einsatzfähige Piloten und Techniker. Irgendwann sei frühestens im Laufe des nächsten Jahrzehnts, sagen die amerikanischen Ausbilder hinter vorgehaltener Hand. Offiziell reden sie von 2017, doch das ist eine Illusion. Ohne Techniker aus dem Westen fliegt kaum ein Flugzeug. Männer, die eine Waffe abfeuern können, findet man in Afghanistan genug. Techniker für Flugzeuge gibt es dagegen kaum.

Major Farid macht gemächlich kehrt, vielleicht findet er den Schlüssel für seinen Hubschrauber ja im Technikgebäude am Rande des Flugfelds. Sollen die Soldaten da draußen im Osten doch so lange warten. Dann kommt er eben später. Was kann man ihm, dem besten Piloten des Geschwaders, schon anhaben? Das dachte sich Oberst Muhammad Gul auch. Der 48-jährige altgediente Pilot flog mit seinem Armee-Hubschrauber Waffen für die Taliban und Drogen für die Mafia. Vor zwei Jahren bekamen die Amerikaner es spitz. Als sie ihn verhaften wollten, erschoss er acht US-Soldaten. Bei seiner Beisetzung feierten ihn tausende Afghanen wie einen Helden. „Die Amerikaner wollen doch sicher auch bald heim, oder?“ fragt sich Major Farid, während er auf das Technikgebäude zuläuft. Er fürchtet, der Westen könne den Aufbau der afgha-

Kabul, *Fußballfan mit italienischem Trikot vor Minarett*

nischen Luftwaffe vorzeitig beenden. Die Amerikaner sollten doch, bitte schön, dafür sorgen, dass die Afghanen vor dem westlichen Abzug noch Kampfflugzeuge bekämen. „Unser Feind lauert außerhalb, wir müssen uns schützen." Major Farid weist mit der Hand nach Osten, Richtung Pakistan. Das Nachbarland verfüge über hunderte Bomber und Jagdflugzeuge, wie solle sich Afghanistan dagegen wehren? Das Problem seien die Taliban, nicht die Pakistaner, sagen dagegen die Amerikaner. Daher bekommt die afghanische Luftwaffe keine Düsenjets, sondern 20 kleine Propellerflugzeuge aus Brasilien, die sich dort und in Kolumbien im Kampf gegen Guerillagruppen bewährt haben. „Und wir dachten, wir bekämen F-16", lächelt Major Farid traurig.

Die Monteure kommen ihm entgegen, den Schlüssel für seinen Helikopter in der Hand. Er dreht sich um, trottet hinter ihnen her. Sein mehr als 30 Jahre alter Transporthubschrauber glänzt in der Sonne. Hubschrauber wie dieser flogen früher in großer Zahl in Afghanistan. Als die Sowjets abzogen, ließen sie mehr als 400 Flugzeuge zurück. Doch es fehlten Ersatzteile, niemand konnte sie reparieren. Wenige Jahre später waren sie nur noch Schrott.

2014

Blutfehden

Kabul, *Obst- und Gemüsehändler am Straßenrand, die Häuser wie Nester am Hang dahinter*

Die Leute von Allah Mohammad kamen auf Motorrädern, stellten in Nahr-i Sufi Hindernisse auf die Straße und stoppten die Autos. „Telefon her!“ herrschten sie die Autofahrer mit vorgehaltener Waffe an. Widerstand wäre tödlich gewesen. „Wo ist Scher Arab?“ brüllten sie, während sie die Anruflisten der Handys nach Scher Arab, dem Todfeind der Taliban in Nahr-i Sufi, durchsuchten. „Gnade euch Gott, wenn ihr ihn gewarnt habt!“ Doch keine Spur von Scher Arab, mit jedem Fahrzeug, das sie vergeblich stoppten, verschlechterte sich ihre Laune. Sie verprügelten Männer, schlugen Kinder. „Wir werden jeden töten, der die Regierung unterstützt.“

Nach einer Stunde befahl Allah Mohammad seinen Leuten, sich zurückzuziehen. Die Taliban verschwanden so schnell, wie sie gekommen waren. Kurz darauf rollte die nächste Gewaltwelle über Nahr-i Sufi. Scher Arab, ein Tadschike, drang mit seiner Miliz in die Häuser ein, sie zerrten die Bewohner auf die Straße und schlugen auf sie ein. „Wohin sind die Taliban geflüchtet? Wir werden jeden von euch töten, der sie unterstützt.“ Ein Wagen fuhr vor, ein Mann wurde hineingestoßen. „Bringt ihn zum NDS“, brüllte Scher Arab. „Die werden ihn ausquetschen.“ Der Gefangene war der Bruder von Allah Mohammad. Er verschwand in einem Geheimdienstverlies.

Nahr-i Sufi, ein Dorf nahe Kundus im Distrikt Chahar Darreh, ist Bürgerkriegsgebiet. Hier verläuft eine der vielen Fronten des Konflikts zwischen Taliban und afghanischer Regierung. Die Bundeswehr hat hier nie einen Fuß hineingesetzt, ohne angegriffen zu werden. Doch das ist Geschichte, denn hier gibt es keine deutschen Soldaten mehr, weder in Nahr-i Sufi, noch in Chahar Darreh oder Kundus. Die Bundeswehr ist im Sommer abgezogen. Seit ein paar Monaten sollen die Afghanen selbst für Sicherheit sorgen. Doch seit dem Ende des deutschen Kriegseinsatzes wüten hier Milizen wie die von Scher Arab, dem tadschikischen Dorfwächter, und Allah Mohammad, dem paschtunischen Taliban. Wer sie drangsaliert, macht für die Menschen in Chahar Darreh kaum einen Unterschied. Milizen und Taliban stehlen, erpressen, prügeln und töten gleichermaßen, und die Einheimischen stehen zwischen den Fronten. „Die Sicherheitslage ist heute schlechter als sie war, bevor die Bundeswehr nach Kundus kam", klagen die Mitarbeiter deutscher Hilfsorganisationen.

Die Bundeswehr verschanzt sich in ihren Feldlagern. Kaum ist sie ein paar Monate weg, gehören weite Teile der Provinzen Kundus, Baghlan und Tachar wieder den Taliban. Sie haben gewartet, sich vorbereitet und schließlich zugeschlagen. Soldaten, Polizisten und Regierungsmilizen sterben wie die Fliegen, wöchentlich ungefähr hundert, sagt die Regierung. Die westlichen Streitkräfte halten die Zahl für stark geschönt. Sie dürfte weit höher liegen. Überall im Land flüchten die Menschen vor der Gewalt und vor den Taliban, vor allem junge Leute, insbesondere die Mädchen, denen es die Anwesenheit westlicher Soldaten ermöglicht hat, in die Schule zu gehen. Sie wollen studieren und hoffen auf eine Zukunft für sich und für ihr Land. Sie flüchten in die Städte, nach Mazār-i Scharif, nach Kabul. Wer kann, der geht.

Doch ihre Hoffnungen wurden bitter enttäuscht. Die Kriegsgewinnler sitzen in prunkvollen Villen, Mir Alam zum Beispiel, früher Kommandeur unter Ahmed Schah Massud, dem Volkshelden. Scher Arab steht unter seinem Kommando, wie

***Kabul**, abseits der Hauptrouten werden die Straßen zu Geröllpisten*

alle tadschikischen Milizen in Kundus, er bekriegt sich mit den Taliban, nicht für die Regierung in Kabul, sondern im eigenen Interesse. Straßenzölle und Drogentransporte, Geld und Einfluss, darum geht es, marodierende Milizen auf allen Seiten, niemand gebietet Einhalt. Warum auch? Hinter den Milizen stecken Polizei- oder Armeekommandeure, eine staatlich protegierte Bandenkultur, vom westlichen Irrglauben, dass Milizen den Frieden bringen könnten, wiederbelebt und alimentiert. Schon einmal haben die Taliban von der nicht enden wollenden Gewalt profitiert, in den 1990er-Jahren während des Bürgerkriegs. Für die meisten Einwohner war es eine schreckliche Zeit. Die Taliban schufen Ordnung mit harter Hand, sie führten Scharia-Gerichte ein und verhängten drakonische Strafen. Ehebrecher wurden gesteinigt, Dieben die Hände abgeschlagen. Es herrschte Friedhofsruhe. Die meisten Menschen gehorchten. Denn die Milizen waren schlimmer.

Noch stehen die Taliban nicht in Kundus, noch haben sie keine große Stadt erobert, doch es ist nur eine Frage der Zeit. Transition ist eines dieser Nebelkerzenwörter, mit denen westliche Politiker und Militärstrategen seit Jahren in Afghanistan um sich werfen. Die westlichen Truppen gehen, die afghanischen kommen, das sei Transition. Sofern mit Transition gemeint ist, dass afghanische Soldaten und Polizisten in frühere Feldlager des Westens einrücken, dann gibt es diese Transition. Mittlerweile gehört das deutsche Feldlager in Kundus der afghanischen Polizei. Doch wäre mit Transition gemeint, dass die Menschen in den Dörfern vor den Taliban beschützt werden, dann gibt es sie nicht. Denn Armee und Polizei sind weder willens noch imstande, die Bewohner der Dörfer und Städte zu schützen. Sie sind illoyal, korrupt und unorganisiert, ohne

Moral und Zusammenhalt. Der Zustand der Sicherheitskräfte lässt sich in einem Wort zusammenfassen: desaströs.

Ohne den Westen und dessen Geld, ohne westliche Ausbilder und westliche Waffen würden Regierung, Armee und Polizei kollabieren, zugleich würde die Hoffnung des Westens begraben, mit einem blauen Auge aus Afghanistan davonzukommen. Der US-Republikaner Anthony Cordesman, ein weithin respektierter Strategieexperte und wahrlich kein Freund der Taliban, fasste seine Bewertung für den US-Präsidenten zusammen. Es war keine erfreuliche Lektüre für Barack Obama: Das Konzept des Westens, Tee zu trinken, den Menschen zuzuhören, ihnen als Freund und Helfer zu begegnen, sei vollkommen gescheitert. Und damit sei auch die Strategie obsolet, die Taliban aus einer Position der Stärke heraus an den Verhandlungstisch zu zwingen und erhobenen Hauptes über den Rückzug zu reden. Es bahnt sich ein Desaster an.

Das zeigten bereits die ersten Gespräche mit den Taliban in Doha. Während die Amerikaner sie geheim und unbemerkt von der Welt führen wollten, posaunten die Taliban die Nachricht hinaus in die Welt. Die Intention war klar: Wir sind stark, ihr seid schwach. Vor der Aufnahme von Verhandlungen, so forderten die Taliban, müsse der Westen seine Truppen in die Feldlager zurückziehen, seine Bombardements und seine Kommandoaktionen gegen Taliban-Kommandeure einstellen.

In Washington, in den amerikanischen Militärschulen, in Europa rief diese Konstellation ein lang zurückliegendes Trauma wach: den albtraumhaften Abzug aus Vietnam 43 Jahre zuvor, die langwierigen und schwierigen Verhandlungen mit dem

Vietcong. „Auch wenn wir große Opfer erlitten haben und viel Leid ertragen mussten, so haben doch wir gewonnen, und Sie haben verloren!" sagten die Vertreter des Vietcong den Amerikanern damals ins Gesicht.

Was nützt es, so gut wie jede Schlacht im Dschungel zu gewinnen, aber den Krieg zu verlieren? Afghanistan sei nicht Vietnam, die Taliban nicht der Vietcong, beschwichtigte US-Präsident Barack Obama, und die westlichen Militärs sekundierten pflichtschuldig. Insgeheim aber wussten sie es besser. Eine korrupte, schwache Regierung ohne Rückhalt in der Bevölkerung und eine unfähige Armee waren verloren ohne westliche Hilfe, in Vietnam ebenso wie in Afghanistan. Damals schlossen die Amerikaner einen Friedensvertrag mit den Vietcong und sicherten Südvietnam militärische Hilfe zu, falls der Norden den Waffenstillstand brechen sollte. Zwei Jahre später marschierte der Vietcong in Saigon ein. Es gebe keine direkte Verbindung zwischen ihrem Rückzug und dem Zusammenbruch Südvietnams, postulierten die Amerikaner damals. Und heute? Glaubt in Washington ernsthaft jemand, die Taliban würden die Geschichte des amerikanischen Desasters in Vietnam nicht kennen?

Eine verlorene Generation

Seit 27 Jahren vermisst Ehsan Nasimi die Opfer des Krieges. Sein kaltes, feuchtes, gelb gefliestes Behandlungszimmer in der Rot-Kreuz-Klinik von Kabul ist karg möbliert. Schreibtisch, Stuhl, Liege und Hocker riechen nach Schweiß und Desinfektionsmittel. In den Regalen liegen lederumhüllte Gestelle, Prothesen und Ersatz für Gliedmaßen, zerstört durch die Hauptwaffe des Afghanistan-Krieges: die Sprengfalle. „Gegenwärtig sind Soldaten meine Hauptkunden", sagt Dr. Nasimi und schüttelt traurig den Kopf. Vor zwei Jahren hat er einen Soldaten pro Woche behandelt, heute sind es drei am Tag. „Diese Gewalt", sagt er und bricht ab. Sein ganzes Leben lang hat er mit Bombenopfern zu tun, vor 27 Jahren kam der erste Patient, mit zerfetzten Beinen, das war im Krieg gegen die Sowjets. Am meisten nehmen ihn die Kinder mit, sie können nichts dafür. Nasimi raucht Kette, er hat tausende von Beinen vermessen, tausende von Prothesen angepasst, tausende von Schicksalen gesehen, so ist sein Leben. „Ich glaube nicht, dass der Krieg bald aufhört." Ihm geht die Arbeit nicht aus, aber wofür? Für Versehrte gibt es in Afghanistan keine Arbeit, kein Geld, kein Mitleid, kein menschenwürdiges Leben, Opfer der Kriege, für die sich niemand interessiert. Dr. Nasimi schüttelt wieder den Kopf. Dann entschuldigt er sich. Der nächste Patient wartet.

Enayat Mudaris ist 24 Jahre alt und ein Star in Afghanistan. Er stellt im Fernsehen korrupte Politiker bloß, und vier bis fünf Millionen Afghanen schauen zu. Wie könne es sein, dass sich Politiker in Dubai Villen kauften, während das Volk täglich ums Überleben kämpfe, äußerte er in seiner letzten Sendung. Eine gefährliche Frage. Aber berechtigt. Zwei Beispiele. Erstens: Familienangehörige des früheren Präsidenten Hamid

Karzai stecken bis über beide Ohren im Drogengeschäft und haben ihr Geld in ausländische Immobilien investiert. Zweitens: Ahmad Zia Massud, Bruder des Volkshelden Ahmad Schah Massud und einflussreicher Politiker, war auf dem Weg nach Dubai, als Sicherheitskräfte am Flughafen in Kabul seinen Koffer öffneten und mehrere Millionen Dollar darin fanden.

Mudaris hat mächtige Feinde. „Sie riefen mich an und drohten mir, mich umzubringen", sagt er. „Als das nichts brachte, forderte die Rundfunkbehörde meinen Sender auf, mich zu entlassen, andernfalls würde sie uns die Sendeerlaubnis erziehen." Seither ist er arbeitslos, ein Kind des neuen Afghanistans: gebildet, eloquent, selbstbewusst und mutig. Er baute den „Ghanimeter" auf, eine Webseite, auf der er die Medienberichterstattung über das neue afghanische Führungsduo Ashraf Ghani und Abdullah Abdullah analysiert. Er wolle sie an ihren Wahlversprechen messen, sagt Enayat Mudaris.

Wie viele junge Menschen in Afghanistan hat er die Nase voll von korrupten Politikern und Kriegstreibern. Mehr als die Hälfte der Bevölkerung Afghanistans ist 20 Jahre und jünger. Es ist eine verlorene, im Krieg gefangene Generation, deren Chancen auf eine bessere Zukunft von der Gewalt im Land aufgezehrt werden. Ghani, Abdullah und all die anderen Mächtigen drohen unablässig und unverhohlen mit Gewalt, es geht ihnen allein um ihre Interessen. Der Krieg bestimmt alles, auch wie Regierungsposten mit den eigenen Leuten besetzt werden. Im Krieg überlebt, wer eine feste Machtbasis hat. Für junge, qualifizierte und leistungsfähige Menschen wie Mudaris ist kein Platz. Die Unzufriedenheit wächst, die Ta-

***Kabul,** Händler vor seinem Laden*

liban erstarken, die Ausländer ziehen ab. Zurück bleiben ein paar Militärberater, Nachhut der längsten Militärmission in der Geschichte des Westens.

Hauptquartier der internationalen Truppen in Kabul, Oberst Rainer Simon streift seine Schutzweste über, setzt den Helm auf den Kopf und schultert das Gewehr. Eine halbe Stunde später tritt der Bundeswehr-Offizier ins Büro von Nematullah Kushiwal, 67 Jahre, schlohweißes Haar, olivgrüne Uniform. „Ich bin gleich bei Ihnen, setzen Sie sich schon mal." Woran Afghanistans Armee leidet, ist in diesem Büro wie unter dem Brennglas zu sehen. General Kushiwal hätte gern einen Computer, also bekommt er einen. General Kushiwal hätte auch gern einen Drucker, also bekommt er einen. General Kushiwal hätte darüber hinaus gern einen Flatscreen, auch den bekommt er. Computer, Drucker und Screen stehen seit Monaten original verpackt auf seinem Tisch, denn General Kushiwal kann mit Computer und Drucker gar nicht umgehen. Entscheidend ist, dass er sie hat. Das unterstreicht seine Stellung im Ministerium. Es geht um Pfründe in Afghanistan, in der Regierung, in der Armee, nicht darum, was das Land und seine Menschen brauchen.

„Entschuldigung", sagt Kushiwal und lächelt. Simon setzt sich, holt Luft. Er hat nicht viel Zeit, zwei Stunden, länger kann er den General pro Tag nicht beanspruchen. Dabei soll er ihn doch beraten. Was Kushiwal den Rest des Tages macht, weiß Simon nicht. Ein Soldat betritt den Raum, Mappe in der Hand, wichtig, er braucht Unterschriften. Simon lehnt sich zurück, trinkt Tee und lächelt. Eine halbe Stunde später verbleiben ihm noch anderthalb Stunden mit dem General. „Entschuldigung", sagt Kushiwal wieder. Auch Simon hat eine Mappe dabei, er öffnet sie, eine Liste mit Namen. Kushiwal ist ganz Ohr, es geht um 1.000 Offiziere, sie sollen auf Lehrgänge ins Ausland geschickt werden. Ins Ausland, nach Deutschland und Amerika, da will jeder afghanische Soldat hin, mancher, um gleich dazubleiben. Die Liste ist Gold wert, Kushiwal ist zuständig, aus welchen Namen sie sich zusammensetzt. Er weiß, wer die guten Offiziere sind. Er hat sie sich aus den Verbänden überall im Land melden lassen. Leistung und Befähigung sollen die Kriterien sein, doch in der Armee dominiert die Günstlingswirtschaft. 24 Generale im Verteidigungsministerium und im Generalstab entscheiden über die Zusammensetzung der Liste. Nicht die Besten gehen zum Lehrgang, sondern die mit den besten Verbindungen. In der afghanischen Armee gibt es einen 19-jährigen Generalmajor und einen 27-jährigen Generalleutnant. General Kushiwal nimmt die Liste zu seinen Unterlagen, nickt Simon zu. Danke, das war's für heute.

Noch einmal zurück zu Enayat Mudaris, dem arbeitslosen TV-Moderator: „Der Westen hat unserem Land Hoffnung gebracht", sagt er. Noch etwas? Mudaris schüttelt den Kopf.

ZWISCHENFAZIT

2014

Mit wem kämpfen wir hier eigentlich und wofür?

Kabul, *Fleischhändler in seinem Verkaufswagen*

Mit wem arbeiten und kämpfen wir da eigentlich zusammen? Diese Frage stellten sich deutsche Soldaten seit Beginn ihres Einsatzes in Afghanistan. Armeeangehörige, Polizisten, Milizen, Warlords, die Palette an Zumutungen war breit. Ein Ereignis dokumentiert besonders eindrucksvoll, wie aussichtslos das Bemühen der Westens um einen funktionierenden Sicherheitsapparat in Afghanistan war. Anfang Mai 2013 sollten 15 Kommando-Soldaten des KSK gemeinsam mit 25 Polizisten einer afghanischen Spezialeinheit eine Taliban-Gruppe bekämpfen. Es kam zum Gefecht, die afghanischen Polizisten flüchteten und ließen die deutschen Soldaten im Stich. Selbst als ein KSK-Angehöriger getötet und ein anderer verwundet wurde, schauten sie aus sicherer Entfernung zu. Politiker in Berlin waren fassungslos. „Ich habe das Gefühl, unsere Ausbildungsbemühungen und unsere Opfer im Kampf gegen die Aufständischen sind vergeblich gewesen“, sagt damals ein einflussreicher Bundestagsabgeordneter. „Wir müssen die Zusammenarbeit beenden, um nicht noch weitere Opfer zu erleiden.“

Ende 2014 hatte der Afghanistan-Einsatz bereits 13 Jahre angedauert, doch er war nicht vom Fleck gekommen, im Gegenteil, die Lage hatte sich verschlechtert. Die von der deutschen Bundesregierung schwammig formulierten Ziele ließen sich nicht überprüfen und damit auch nicht seriös bewerten. Deutschland war zunächst dabei, um die Regierung Karzai in Kabul zu schützen. Doch als die Wiederaufbaumission zum Krieg mutierte, wurde immer unklarer, inwiefern der Einsatz tausender Soldaten der Sicherheit Deutschlands diente. Die Amerikaner wollten in den Irak, Afghanistan war ihnen ein Klotz am Bein. Die Taliban waren vertrieben, nun sollten sich andere um das Land kümmern. Andere wie die Deutschen, die

Demokratie, Infrastruktur, Polizei und Armee aufbauen wollten. Doch wie sollte das gelingen mit ein paar tausend Soldaten, ein paar hundert Polizeiausbildern und einigen wenigen Diplomaten in Kabul?

Schon bald nach Beginn des Einsatzes wurde deutlich, dass außerhalb Kabuls Anarchie herrschte. Hier galten die Gesetze der Warlords und Drogenbarone, der Dschihadisten und Kriminellen. Erst nach fünf Jahren waren westliche Truppen in allen Landesteilen präsent. Damit war wertvolle Zeit vertan worden, die die Taliban und andere Regierungsgegner genutzt hatten, um Widerstand zu organisieren. Die vom Westen etablierte afghanische Regierung stand von Anfang an auf verlorenem Posten. Präsident, Minister, Abgeordnete und Mitarbeiter interessierte vor allem eines: wie sie sich rasch bereichern und dann in Sicherheit bringen konnten. Sie schienen für das westliche Demokratie-Modell in ihrem Land keine Zukunftsperspektive zu sehen.

Im Westen erkannte man zwar das Problem, auf eine Lösung aber konnte er sich nicht verständigen: Die einen wollten Terroristen jagen, die anderen einen Staat aufbauen. Die einen wollten Krieg führen, die anderen Frieden machen. Deutschland lavierte zwischen diesen Positionen, tat von beidem ein bisschen, aber weder das eine noch das andere richtig. Zu kämpfen begannen die Deutschen erst, als die Verbündeten sie zum Handeln drängten und die Lage bereits außer Kontrolle geraten war. Am Staatsaufbau wollten sie sich nur mit Geld, nicht aber mit eigenen Leuten beteiligen. Die Regierung Schröder hatte zugesagt, hunderttausende afghanische Polizisten auszubilden, auszurüsten und zu beraten. Doch den vollmundigen Ankündigungen folgten keine adäquaten Taten. Nie gelang es, mehr als 200 deutsche Polizisten gleichzeitig nach Afghanistan zu schicken. Das Projekt Polizeiaufbau scheiterte die Amerikaner mussten die Aufgabe übernehmen.

Führungsnation wollte Deutschland in Afghanistan sein, zuständig für den Norden. Doch als die Lage erst in Kundus und schließlich in allen Provinzen eskalierte, schickte die Bundesregierung neben ein paar tausend Soldaten und ein paa schweren Waffen vor allem jede Menge den Kampf gegen die Taliban behindernde Regeln: „Ich will hier die Bundeswehr als bewaffnetes Technisches Hilfswerk", sagte Deutschlands ranghöchster Soldat, der Generalinspekteur damals. Moralisch sauber bleiben und die anderen die Drecksarbeit machen lassen, so sollte es aus deutscher Sicht laufen. Doch so lief es nicht. Deutsche Soldaten gerieten in bewaffnete Kämpfe, sie töteten und wurden getötet. Der Afghanistan-Einsatz wurde zum Krieg. Die Bevölkerung in Deutschland fand das nicht gut. Ein Jahr, länger dauerte der Einsatz noch nicht, da war die Mehrheit der Deutschen bereits gegen die Mission in Afghanistan. Worum ging es, was geschah dort?

Je schlechter die Lage wurde, desto mehr duckte sich die Bundesregierung weg. Außenamt, Verteidigungsministerium, die zuständigen Ressorts rangelten um Kompetenzen, ergingen sich in Eifersüchteleien, führten ideologische Grabenkämpfe. Die Bundeskanzlerin war nur bedingt interessiert daran, was in Afghanistan vor sich ging. „Unsere Afghanistan-Politik war stets nur darauf ausgelegt, gerade so viel zu tun, dass es bei den nächsten Wahlen nicht schadet", brachte es Bernd Mützelburg, von Februar 2009 bis März 2010 Sonderbeauftragter des Auswärtigen Amtes für Afghanistan und Pakistan, freimütig auf den Punkt. „Der Stabilisierung eines kriegszerstörten Landes und damit unseren außen- und sicherheitspolitischen Interessen hat sie nicht gedient."

54 deutsche Soldaten sind in Afghanistan gefallen, unzählige wurden verwundet, traumatisiert und gezeichnet. Deutschen außen- und sicherheitspolitischen Interessen habe deren Opfer nicht gedient, sagt ein ehemaliger deutscher Diplomat – welchen dann?

2015

„Der Georg, der fehlt überall“

Kabul, *Wachmann vor dem Wohnhaus des früheren Geheimdienstchefs Amrullah Saleh*

So wie früher kann Heidi Missulia heute nicht mehr lachen. Der Blick der zierlichen, jungen Frau Ende 20 ist melancholisch und traurig, selbst wenn sie lächelt. Im Gespräch verschränkt sie die Arme, sie möchte sich schützen, sie ist angespannt. Heidi Missulia hat den Tag lange gescheut, an dem sie sich erstmals öffentlich über Georgs Tod äußert, über ihren Ehemann, die Liebe ihres Lebens, den Vater ihrer Tochter Annika. Rechts von ihr sitzt ihre Mutter Christa Fischer, links von ihr Heiko Diehl, Kommandeur des Panzergrenadierbataillons 112. Sie duzen einander, diese Vertrautheit vermittelt ihr Sicherheit. „Der Georg, der fehlt überall", sagt sie.

Die Menschen im Bayerischen Wald sind bodenständig und gläubig. Ihre Dörfer wirken fast verloren in der weiten, hügeligen Landschaft. Hier findet man Natur und Ruhe. Haus, Familie und Kinder gehören hier so unverzichtbar zum Leben wie der sonntägliche Gottesdienst. Für Heidi und Georg Missulia war es lange Zeit eine liebenswerte Idylle. Sie waren noch nicht geboren, als Ende April 1945 die Amerikaner hier einmarschierten und 33 deutsche Soldaten und 17 Zivilisten in den heftigen Kämpfen ums Leben kamen. Ihr Haus befindet sich in einem Weiler in der Nähe von Regen, Wiesen, Wälder und Hügel ringsum, Ofenheizung, das Holz wird im Wald geschlagen. „Das hat der Georg immer gemacht", sagt sie leise.

Dass „der Georg" fehlen könnte, nicht vorübergehend, sondern für immer, war nicht vorstellbar für Heidi Missulia. Nicht, als er im Kosovo war, nicht, als er nach Mazedonien musste, und auch nicht, als er im Sommer 2010 nach Afghanistan flog. „Er war angespannter als vor den anderen Einsätzen." Sie hatte es gespürt, obwohl er sich bemüht hatte, die Anspannung vor ihr zu verbergen. Er musste in den Krieg, sie blieb mit der neun Monate alten Tochter zurück. Sie hatte den gefährlichen Beruf ihres Mannes akzeptiert. Jetzt ist er tot, und sie fühlt sich noch immer, als sei ihr das Herz aus dem Leib gerissen worden. Die Trauer sitzt so tief, dass sie sich auch zwei Jahre danach nicht vorstellen kann, jemals wieder unbeschwert zu leben. Tanz, Urlaub, Spaß, Verliebtheit, die Freuden eines jungen Menschen haben in ihren Gedanken keinen Platz. „Die Zeit heilt eben nicht alle Wunden", bemerkt ihre Mutter Christa Fischer. Das gilt nicht nur für die Wunden ihrer Tochter, sondern auch für ihre eigenen. Georg war für die Fischers wie ein Sohn. Wenn die Trauer unerträglich wird, fahren sie in die Kaserne zu Georgs Kameraden aus dem Panzergrenadierbataillon 112, die mit ihm im Charly-Zug gekämpft haben.

Jeder Soldat in Regen würde Tochter und Mutter Trost spenden, wenn er könnte. Der Angriff vom 18. Februar 2011 auf den „OP North" war eine Katastrophe für das Bataillon, für die ganze Stadt. Er erfolgte so unerwartet und plötzlich, dass kaum jemand rational damit umzugehen wusste. Neben Georg Missulia (30) starben auch Konstantin Menz (21) und Georg Kurat (22). In Regen legten sie Gedenkminuten ein, stellten Mahnwachen vor Kriegerdenkmälern auf. Der Mörder war ein afghanischer Soldat, ein vermeintlicher Verbündeter, in Wahrheit jedoch ein Schläfer der Taliban. Sechs Verwundete überlebten, weil er von einem deutschen Soldat erschossen wurde, bevor er nachladen konnte. Thomas Paternoster hat es am schwersten erwischt. Ein Arzt zeigte ihm die Röntgenbilder seines Oberkörpers, viele grobkörnige weiße Flecken auf dem Polyester, der Brustkorb übersät von Splittern aus Metall und Kies. Der Angreifer hatte die Waffe von links nach rechts

Mazār-i Scharif,
deutsche Ausbilder kurz vor ihrem Flug zum afghanischen Militärlager

geführt, einige Kugeln waren im Kies eingeschlagen, einige gegen die Bordwand des „Marder“ geprallt, sie hatten Splitter verursacht, die wie Geschosse Paternosters Oberkörper durchsiebten. Eine Kugel war in seine Wirbelsäule gedrungen, sie steckt dort noch heute. „Die Ärzte fürchten, mehr Schaden als Nutzen anzurichten, wenn sie die Kugel herausholen“, sagt Paternoster. „Jeden Morgen vor dem Spiegel werde ich an jenen Tag erinnert, wie soll ich bloß je wieder froh werden?“

Es ist die bittere Frage eines jungen Menschen. „Nach einem solchen Schicksalsschlag gibt es zwei Möglichkeiten“, sagt Christa Fischer. „Entweder du bleibst liegen, oder du kämpfst dich wieder hoch.“ Ihre Tochter Heidi Missulia nickt, den Kopf gesenkt. Das Gespräch hat sie Kraft gekostet. „Georg fehlt immer und überall“, sagt sie leise. „Hätte er doch nur zehn Zentimeter weiter rechts gestanden!“ Der Krieg verändert das Leben. Das Leben der Soldaten und das ihrer Familien. Sie müssen es verdrängen, ehe sie in den Krieg ziehen.

Kriegsnebel

Zwei Uhr morgens, Zoltan Jecs schreckt auf, die Erde bebt, die Mauern wackeln. Er rennt aus dem Zimmer, das Krankenhaus gegenüber brennt, das Feuer verschlingt Patienten, Betten und Apparate. Als die Sonne aufgeht, wird das Ausmaß der Katastrophe deutlich: Die Klinik von „Ärzte ohne Grenzen" in Kundus, das beste Krankenhaus in ganz Nordafghanistan, ist zerstört. 42 Menschen sind tot, über 250 verletzt, bombardiert von einem amerikanischen Kampfflugzeug.

Die Nacht des 3. Oktober 2015 gilt als einer der furchtbarsten Irrtümer des Krieges in Afghanistan. Ärzte, Pfleger und Patienten sind tot oder verstümmelt. Es handelt sich um ein Kriegsverbrechen, Angriffe auf Krankenhäuser unterliegen dem Verbot der Genfer Konvention. Monatelang untersuchen US-Streitkräfte, „Ärzte ohne Grenzen" und Vereinte Nationen, wie das passieren konnte. Ihre Berichte stehen im Internet, alles in allem eine Kette von desaströsen Kommunikationsmängeln und Verstößen gegen Einsatzregeln. Der Tod so vieler Menschen, das ist die eine Tragödie jener Nacht. Die andere besteht darin, dass viele Afghanen auch noch den letzten Rest an Vertrauen in den Westen verloren haben. Wer Krankenhäuser bombardiert, ist nicht besser als die Taliban.

Das Krankenhaus liegt an der Straße zum Flughafen von Kundus, ein von hohen Mauern umgebenes, weiß gestrichenes T-förmiges Gebäude. Es verfügt über Notaufnahme, Intensivstation, OP-Säle, Röntgenraum, Labor, Physiotherapie und Apotheke. Dazu Büros, Schutzbunker und Unterkünfte, internationales Personal und freiwillige Helfer aus aller Welt. Zoltan Jecs aus Ungarn ist einer von ihnen. Das Einzige, was fehlt, ist ein rotes Kreuz auf dem Dach, ein aus der Luft sichtbares

Zeichen, dass es sich hier um ein Krankenhaus handelt. Andere Kliniken in Afghanistan haben das. „Hier ist das nicht nötig, weil das Krankenhaus als einziges Gebäude in Kundus auch nachts hell erleuchtet ist“, sagen die „Ärzte ohne Grenzen“.

Fünf Tage vor der Katastrophe waren die Taliban in Kundus eingedrungen und hatten die Außenposten überrannt. Kämpfe hatte es kaum gegeben, die Soldaten und Polizisten waren geflohen. Mittags waren alle wichtigen Gebäude der Stadt von den Taliban besetzt, auch das des Geheimdienstes NDS, ganz in der Nähe des Krankenhauses von „Ärzte ohne Grenzen“. Leichen lagen auf den Straßen, Mitarbeiter der Regierung, die nicht rechtzeitig hatten fliehen können.

Die Taliban haben Kundus erobert, diese Nachricht geht um die Welt. Die Amerikaner schicken Spezialkräfte, deren oberster Kommandeur in Florida sitzt, nicht im Hauptquartier der internationalen Truppen in Kabul. Zwei Tage später beginnt der Gegenangriff, afghanische Soldaten und Polizisten gemeinsam mit US-Elitetruppen, beide Seiten kämpfen verbissen und rücksichtslos. Die Verletzten landen auf den OP-Tischen der „Ärzte ohne Grenzen“, Zivilisten, Taliban und Polizisten. Bald ist die Klinik überfüllt, die Gefechte ziehen sich hin, über Tage, über Nächte. Der Klinikdirektor ahnt, dass die Amerikaner bald aus der Luft angreifen werden. Das tun sie oft, wenn ihre Spezialkräfte am Boden in Bedrängnis geraten. Um sicherzugehen, nicht zum Ziel zu werden, ruft er bei der Nato in Kabul und im Pentagon in Washington an und gibt die Koordinaten des Krankenhauses durch: 36°43’4.91 nördliche Länge, 68°51’43.96 östliche Breite. Der Klinikdirektor bittet darum, diese Koordinaten an die zuständigen Stellen weiterzugeben.

Drei Tage dauert der Angriff auf Kundus nun bereits, die Taliban leisten immer noch heftigen Widerstand, besonders vom Gelände des Geheimdienstes. Die Amerikaner kommen nicht heran. In der Nacht vom 2. auf den 3. Oktober soll dem Spuk ein Ende bereitet werden. Die Drohnenbilder zeigen ein T-förmiges Gebäude und einen darin verschanzten Feind. In jener Nacht hebt in Bagram eine Lockheed AC-130U Spooky II ab, wegen ihrer starken Rohrbewaffnung auch „Kanonenboot" genannt. Ausgestattet mit Maschinenkanonen und Haubitze, Nachtsichtgerät, Schwachlichtvideokamera und Laser-Entfernungsmesser, funktioniert dieses Flugzeug normalerweise präzise wie ein Schweizer Uhrwerk. Doch ohne aktuelle Flugdaten im Bordcomputer ist es blind. Um diese Flugdaten einzugeben, war angeblich die Zeit zu knapp.

Polizeistationen, Schulen, Krankenhäuser, alle Gebäude in Kundus, die nicht angegriffen werden dürfen, sie fehlen nun im Bordcomputer. Der Gefechtsstand will sie per E-Mail nachsenden. Doch auf dem Flug nach Kundus ist die Verbindung zum Satelliten gestört. Die Liste kommt nicht an. Der zweite Fehler unterläuft dem amerikanischen Kommandeur vor Ort. Er ist zu weit weg, um das Gebäude des afghanischen Geheimdienstes erkennen zu können, soll aber für das Flugzeug die Zielkoordinaten bestimmen. Ein afghanischer Offizier weiter vorn nimmt es ihm ab, er funkt die Koordinaten einem Dolmetscher. Dieser schreibt sie auf und gibt sie an den amerikanischen Kommandeur weiter. Der Kommandeur funkt sie an den Fliegerleitoffizier, und dieser gibt sie weiter ans Flugzeug.

Vier Stationen, vier Mal das Risiko, dass irgendwer irgendetwas falsch versteht. Stille Post. Ein minimaler Zahlendreher, und die Zieloptik des Flugzeugs ist falsch ausgerichtet. Genau das passiert. Die Besatzung der AC-130 bemerkt den Fehler. „Negativ, dort befinden sich nur kleine Gebäude auf einem freien Feld.“ So funkt der für die Zielerfassung im Flugzeug zuständige Airborne Sensor Operator an den Boden. Er hätte die Koordinaten des Angriffsziels vom Kommandeur noch einmal anfordern können. Stattdessen macht er sich selbst auf die Suche nach dem Gebäude, entdeckt es, T-förmig, wie es ihnen gesagt wurde, ein anderer Soldat an Bord nickt, als er ihm das Gebäude auf dem Bildschirm zeigt. „Das dürfte es höchstwahrscheinlich sein“, sagt er. Es ist das Krankenhaus von „Ärzte ohne Grenzen“, gestochen scharf aus 4.000 Meter Höhe, vor den Mauern Autos, dahinter, in der Deckung der Mauern, Ärzte, Krankenpfleger und Patienten. Doch das kann der Airborne Sensor Operator nicht erkennen. Er sieht lediglich weiße Schemen auf grünem Untergrund, auf seinen Bildschirmen sind das Menschen. „Ich sehe neun Personen“, funkt er an den Boden. „Das ist der Feind“, erwidert der Kommandeur.

Er weiß es nicht, er vermutet es nur, er sieht das Gebäude des Geheimdienstes nicht. Die Flugzeugbesatzung will sichergehen. Der Airborne Sensor Operator sucht nach weiteren auffälligen Gebäude. Er stutzt, als er ein weiteres T-förmiges Haus ein paar hundert Meter nördlich erkennt, mit Autos vor der Mauer, aber keinen Menschen dahinter. Diese Beobachtung könnte er jetzt dem Kommandeur am Boden sagen, doch er tut es nicht, sondern fordert ihn stattdessen auf, ihm das Zielgebäude noch einmal zu beschreiben. „Es gibt eine umgrenzende Mauer und mehrere Gebäude innerhalb der Mauer. Außerdem ist das Eingangstor wie ein Torbogen geformt. Verstanden?“, funkt der Kommandeur. Der Airborne Sensor Operator fragt, auf welcher Seite der Torbogen sei. „Auf der nördlichen Seite“, antwortet der Kommandeur. „Roger, sehen Torbogen auf der Nordseite“, funkt die Flugzeugbesatzung. Man muss sich das vorstellen: Der Bodenkommandeur kann das Ziel nicht sehen, sagt es der Flugzeugbesatzung aber nicht. Die Flugzeugbesatzung sieht zwei Gebäude, die einander stark ähneln, sagt es dem Bodenkommandeur aber nicht. Auf dem Gelände des Geheimdienstes gibt es lediglich einen Torbogen im Süden, auf dem Klinikgelände gibt es dagegen zwei, einen im Norden und einen im Süden.

Es sind unverzeihliche Fehler. Sie seien der Hektik geschuldet, dem „Fog of war“, heißt es im amerikanischen Untersuchungsbericht. Wirklich? Die Zielabsprache zwischen Bodenkommandeur und Flugzeug dauerte eine halbe Stunde. Hektik? So akut kann die Bedrohung nicht gewesen sein. „Kriegsnebel“ ist eine einfache Ausrede.

„Die Absicht ist es, alle möglichen Ziele, die einen Erfolg unserer Partnerstreitkräfte gefährden könnten, zu zerstören. Verstanden?“ funkt der Bodenkommandeur schließlich an die Besatzung. Er will das Gebäude vollständig zerstören. Die Besatzung im Flugzeug zögert noch. „Ich bin mir nicht sicher, ob das bewaffnete Leute sind oder einfach irgendwer, also bleiben wir besser neutral“, sagt einer. „Lass‘ uns Klarheit schaffen, was mögliche Ziele für dich bedeutet und was für mich“, sagt ein zweiter. „Wenn ich mögliche Ziele höre, wie ich es eben gehört habe, denke ich, dass wir rausgehen, böse Dinge finden und darauf schießen“, sagt ein dritter. Der Flugzeugkommandant sagt, der Kommandeur am Boden solle entscheiden. „Hey, bestätige mir, dass wir Freigabe zum Schießen auf Personen in diesem Gelände haben und nicht nur auf das Gebäude." „Bestätigt."

Damit ist der Angriff entschieden. Die Besatzung wählt 40-Millimeter-Granaten, gefüllt mit Sprengstoff und Phosphor, eine einzige Geschossgarbe aus drei, vier Granaten genügt, um ein stabil gemauertes Gebäude zu durchlöchern und in Brand zu setzen. Um 2:08 Uhr verschießt die Besatzung insgesamt 256 Granaten. Als die erste Salve einschlägt, reißt es Zoltan Jecs aus dem Schlaf, die Unterkünfte auf dem Gelände sind betoniert wie Bunker. Das Flugzeug fliegt immer wieder an, eine weite Rechtskurve ziehend.

„Das Krankenhaus wird beschossen!" Zwölf Minuten nach Angriffsbeginn ruft ein Mitarbeiter von „Ärzte ohne Grenzen" panisch den Kommandeur der Nato-Spezialkräfte in Kabul an. Er brüllt in den Hörer. Der General gehört zu den internationalen Truppen. Er weiß nichts von einem Angriff in Kundus. Der Kommandeur der US-Spezialkräfte sitzt 10.0000 Kilometer weit entfernt in Florida. „Ich muss das überprüfen", antwortet der General in Kabul. Das Flugzeug greift weiter an.

Der General ruft die Gefechtszentrale der US-Spezialkräfte in Bagram an. Der Diensthabende bestätigt den Angriff, weiß aber nur, dass Personen, nicht aber auch Gebäude angegriffen werden. Er funkt den Bodenkommandeur in Kundus an. Bagram: „Wir versuchen zu verifizieren, ob nur Bewaffnete oder auch das Gebäude getroffen werden." Kundus: „Negativ. Einschläge in und um das T-förmige Gebäude oder auf diesem Gelände." Bagram: „Bestätigen Sie das." Kundus: „Bestätige direkte Treffer auf das Gebäude. Große Einschläge." Was der

Diensthabende daraufhin gesagt hat, steht nicht im Untersuchungsbericht. Vielleicht hat er gesagt: „Um Gottes willen, es ist das falsche Gebäude, es ist eine Klinik. Feuer einstellen!"

17 Minuten nach dem Notruf der „Ärzte ohne Grenzen" und 29 Minuten nach dem Beginn des Angriffs endet der Beschuss. Die Klinik liegt in Trümmern, ringsum ein Flammenmeer. Flugzeugbesatzung und Bodenkommandeur hätten nicht gewusst, dass sie das falsche Gebäude bombardieren. Es sei nicht ihre Absicht gewesen, niemand träfe eine Schuld, heißt es im abschließenden Urteil des Untersuchungsberichts der US-Streitkräfte.

2016

Abnutzungskampf

Kundus, *Autor Marco Seliger kurz nach der Ankunft im afghanischen Militärlager*

Der Bordschütze im Heck hat den fiesesten Job. Er kniet hinter seinem Kaliber-50-Maschinengewehr, das Gesäß auf der Ferse seines rechten Fußes, die Waffe auf die Erde gerichtet. Er schwenkt nach links, nach rechts und wieder nach links. Er beugt sich hinaus, den Kopf im tosenden Luftstrom, den Abgasen ausgesetzt. Er sucht das Gelände ab, sucht den Gegner. Der Gegner ist ein Taliban, ein Terrorist, mit einer Waffe auf der Schulter und dem Hubschrauber im Visier. Ein Treffer, und der deutsche Sikorsky CH-53 Sea Stallion würde wie ein Stein vom Himmel stürzen. Unten zieht die Erde vorbei, eintöniges Braun, durchzogen von einem ausgetrockneten Flussbett, wild zerfressenen Berghängen und messerscharfen Graten, wie die Oberfläche eines fremden Planeten. Im Hubschrauber sitzen deutsche Soldaten auf dem Weg von Mazãr-i Scharif nach Kundus. Eine Stunde dauert dieser Flug, den es eigentlich gar nicht geben dürfte. Denn der Abzug der Bundeswehr aus Kundus vor drei Jahren sollte endgültig sein, ein Abzug ohne Wiederkehr. Doch als die Taliban vor einem Jahr die Stadt eroberten, änderte dies alles. Nun ist die Bundeswehr zurück, mit Ausbildern, nicht mit Kampftruppen, wie die Bundesregierung betont. Wie lange die bleiben sollen? Niemand weiß es. Von Abzug redet keiner mehr.

In Kundus herrscht wieder Krieg. Deutschlands Mann in diesem Krieg heißt Axel Hermeling, Oberst aus Oldenburg, Mitte 50, kurzes, ergrautes Haar, seit neun Monaten berät er Kommandeure vor Ort. Er schreitet weit aus, verlässt das kleine deutsche Lager und betritt das große afghanische. Bei guter Sicht ist die Landebahn des Flugplatzes zu sehen. Hermeling hat es eilig, in der Nacht haben afghanische Soldaten die Straße zwischen Kundus und Khanabad von den Taliban befreit. Er will die Kommandeure beglückwünschen. Hermeling überquert einen großen Platz, der Boden gekiest, Bürocontainer an der Seite, erreicht eine asphaltierte Straße. Vor und hinter Oberst Hermeling gehen Personenschützer, die misstrauisch die afghanischen Soldaten im Blick behalten. Alle sind bewaffnet, alle sind potenzielle Attentäter. Sie erreichen ein zweistöckiges Betongebäude, im oberen erwartet sie Afghanistans neuer Nationalheld.

„Glückwunsch zum Sieg auf Highway 3, General!" sagt Hermeling. Murad Ali Murad ringt sich ein kurzes Lächeln ab, die Lage ist ernst. Nach ein paar höfliche Floskeln legt er los. Die Taliban hätten Schiffscontainer auf die Straße gestellt, alle paar hundert Meter einen. Davor, dahinter, daneben, darunter, überall Sprengfallen, eine tückischer als die andere. Dies habe seine Soldaten aufgehalten, sodass die Taliban in Ruhe hätten flüchten können. Leider seien nicht alle Sprengfallen gefunden worden. Betretenes Schweigen. Hermeling nickt. Er weiß, was das bedeutet: Tote und Verletzte. Draußen stehen Dutzende Autos, nur noch Schrott, auf einen Sprengsatz gefahren. Murad Ali ist der zweithöchste General Afghanistans. Als er vor ein paar Wochen in Kundus ankam, hielt er am Flugplatz eine Rede. „Geht heim", sagte er zu den Einwohnern, die sich vor den Kämpfen dorthin geflüchtet hatten. „Ich garantiere euch, sie werden nicht noch einmal zurückkommen." Er meinte die Taliban. So redet ein Held. Murat Ali hat schon viele siegreiche Schlachten geschlagen. Die Leute gingen nach Hause, während Murat Ali in der Kaserne die Kommandeure antreten ließ. „Sie hätten mal sehen sollen, wie das hier auf einmal lief", sagt Hermeling. Die Eroberung von Kundus durch die Taliban darf nicht nochmal passieren, deshalb ist Murat Ali jetzt hier.

Wie es sein könne, dass alle Gebiete um Kundus von den Taliban beherrscht werden, fragte er. Die Kommandeure zuckten mit den Schultern. Die Taliban kämen aus den Dörfern, und sie selbst hätten nicht genug Männer, um in jedem Ort präsent zu sein. Hin und her, Eroberung und Rückeroberung. So ging das, als die Bundeswehr noch in Kundus war, und so geht es auch jetzt. Der ewige Kreislauf des Krieges. Hermeling verabschiedet sich. Der General muss einen Kampf führen.

In der Ferne wirbeln drei Fahrzeuge eine Wolke aus Staub auf, sie nähern sich dem Stützpunkt, passieren schließlich das Tor und fahren vor. Bewaffnete springen aus den Jeeps, öffnen die Hintertür eines Wagens. Assadullah Omarkhel, der Gouverneur von Kundus, steigt aus, Sonnenbrille im Gesicht, weißer Salwar Kamiz. Omarkhel hat ein Anliegen. Er will der Welt berichten, dass die Taliban keine einfachen Bauern sind. Eine aus den Dörfern stammende Graswurzelbewegung gegen die Regierung in Kabul? Alles gelogen, sagt er. Sie seien Hunderte, Söldner, erfahrene Kämpfer aus Pakistan, Südafghanistan, Irak, Syrien, von den Schlachtfeldern der Zeit. Moderne Waffen, neue Kampftaktik, kleine Gruppen von zehn bis 20 Mann, die aus mehreren Richtungen gleichzeitig angreifen. Man kennt das, so gehen die Terroristen des Islamischen Staats im Irak und in Syrien vor. Genau das seien auch die Taliban, sagt Omarkhel: keine Freiheitskämpfer, sondern Terroristen. Unter Soldaten und Polizisten verbreiten sie Angst und Schrecken, sie kommen überfallartig, nachts, aus dem Nichts. Sie töten ein paar Leute und verschwinden wieder. Die Taliban erwecken den Eindruck, als seien sie viele. Dass sie es nicht sind, ist egal, die Soldaten flüchten trotzdem. In der Armee zeigen sich erste Auflösungserscheinungen. Geschickt, sagt Oberst Hermeling, sehr geschickt sei diese Taktik der Taliban. Sie stellen sich stärker dar, als sie sind. „Wenn uns Deutschland und Amerika nicht helfen, gibt es hier bald wieder eine Katastrophe", sagt Gouverneur Omarkhel. Er kennt vermutlich die Debatte in Deutschland nicht, Hilfe ist nicht ernsthaft zu erwarten. Stattdessen diskutieren die Politiker in Berlin, wie viele Tage Hermeling am Stück in Kundus bleiben darf, ohne dass es wie eine dauerhafte Präsenz aussieht. Es geht um Symbolik, nicht um die Erfordernisse im Einsatzgebiet.

Es wird dunkel, die Zeit drängt, der Gouverneur muss zurück. Die Taliban haben Nachtsichtgeräte, für ein paar hundert Dollar in Pakistan gekauft, berichtet er. Vor ein paar Wochen lief Omarkhel mit Armee-Kommandeur Murat Ali durch die Stadt, demonstrativ. Die Leute staunten, dass er sich das traut. Doch das war am helllichten Tag, da halten sich die Taliban zurück. Ihnen gehört die Nacht, und was nachts passiert, erfährt auch Axel Hermeling nur bruchstückhaft. Er führt viele Gespräche mit den Kommandeuren, ob er immer die Wahrheit erfährt, weiß er nicht. Ihre Verluste gibt die afghanische Armee nicht mehr bekannt, die Zahlen sind ein Staatsgeheimnis, seit sie immer weiter gestiegen sind. Allein tausend Gefallene im ersten Halbjahr, so berichten es afghanische Medien, ein großer Teil in Kundus. Stadt und Region sind entscheidend im Kampf um das ganze Land, hier greifen die Taliban besonders hart an. Getötete und verletzte Soldaten werden nicht in Sanitätsfahrzeugen, sondern mitunter auf Pritschen in den Stützpunkt gebracht, wie Tiere. Manchmal steht Hermeling mit einer deutschen Ärztin vor dem Lazarett. Sie muss mit geübtem Blick entscheiden, wer den Hubschrauberflug ins Krankenhaus überleben wird. Die anderen bleiben im Lager.

Als die Taliban vor Kurzem Khanabad einnahmen, ging Hermeling auf die Kommandeure zu. „Geht doch nicht immer frontal drauflos“, hätte er ihnen am liebsten gesagt. „Greift von mehreren Seiten an, wie es die Taliban tun! Überrumpelt sie, das wirkt und reduziert die Verluste.“ Doch gesagt hat er etwas anderes. „Vielleicht probiert ihr eine andere Taktik als sonst?“ Höflich, respektvoll, zurückhaltend. „Sie reagieren empfindlich, wenn sie den Eindruck haben, man wisse alles besser“, sagt Hermeling. „Sie müssen von selbst darauf kommen.“ Der Oberst hat seine Erfahrungen gemacht. Er soll Rat geben, mehr nicht. Manchmal funktioniert das. Sie eroberten den Ort zurück, wie es Hermeling gedacht hatte, die Taliban konnten so schnell nicht flüchten, sie verloren viele Leute. Auch ihre Verluste sind hoch, landesweit 7.000 Tote im ersten Halbjahr, berichten afghanische Medien. Niemand weiß, ob die Zahlen stimmen. In Afghanistan tobt ein Abnutzungskampf, den keine Seite gewinnen kann. Das zeigt sich nicht nur in Kundus.

In der Hauptstadt Kabul herrscht eine fiebrige Atmosphäre. Überall Bewaffnete, Polizisten und Soldaten, ausländische Truppen und Söldner. Den Studenten und Professoren haben sie nichts genützt. Sie wurden Opfer eines Mordkommandos, das am Morgen die Universität gestürmt hat. Ein symbolischer Ort für das neue Afghanistan. Niemand ist sicher, nirgendwo, das zeigte der Angriff. Wer es war, die Taliban, eine Terrorgruppe, keiner weiß es. Auch Parwiz Kawa nicht, ein landesweit bekannter Journalist, der noch gefährlicher lebt als die Studenten an der Uni. Die Redaktion von Afghanistans größter Tageszeitung „8subh“ („8 Uhr morgens“) findet man nur mit kundiger Hilfe in einer Gasse. In einer Garage gleich daneben steht eine alte Heidelberger Druckmaschine für 18.000

Zeitungsexemplare pro Tag. Eine Kamera überwacht den Eingang, die Bilder werden sicherheitshalber auf einen Monitor im Büro von Chefredakteur Parwiz Kawa übertragen. Kawa schreibt gerade die letzten Zeilen seines Kommentars, auf dem Tisch eine Kaffeetasse mit dem Aufdruck „Berlin“, links davon eine CZ 75, eine tschechische Pistole, Kaliber 9x19, geladen. Kommentarthema ist die schwere Wirtschaftskrise Afghanistans. Mit seinen Truppen hat der Westen auch seine Hilfsgelder massiv reduziert, und die ökonomischen Folgen sind verheerend. „Der Kuchen ist kleiner geworden, der Kampf umso härter“, sagt Kawa.

Jetzt geht es nicht mehr um lukrative Bauaufträge der Ausländer, nicht mehr um Versorgungstransporte für die westlichen Truppen, an denen die afghanischen Kriegsgewinnler verdienen können. Jetzt geht es um noch mehr Opium, noch mehr Heroin, vor allem aber um Gold und Edelsteine aus illegalen Minen, sie bringen viel Geld. Badachschan, die Provinz oben im Nordosten, Hochgebirge, bitterarm, ist inzwischen hart umkämpft. Die Taliban wollen an die Bodenschätze, paktieren mit lokalen Milizen, mit den Warlords. Armee und Polizei stehen auf verlorenem Posten. Wer dies noch kann, desertiert oder läuft über.

In Afghanistan findet ein Verteilungskampf statt, jeder gegen jeden, in wechselnden Bündnissen. Die Regierung schickt die Armee, um die Taliban von den illegalen Geldtrögen zu verdrängen, an die sie selbst will. Millionen Menschen sind auf der Flucht vor der nicht enden wollenden Gewalt, vom Land in die Städte, von den Städten ins Ausland. In Länder wie Deutschland. Parwiz Kawa läuft eine Treppe hinab ins Büro seiner Re-

Mazār-i Scharif, *Ausläufer der Stadt, dahinter die Bergkette des Marmal-Gebirges*

dakteure. „Ich bin fertig“, sagt er, und einer seiner Mitarbeiter nickt. Es ist bereits nach 22 Uhr, sie müssen andrucken. Afghanistan, sagt Parwiz Kawa, während die Druckerpresse anläuft, ist keine Nation, kein Staat, sondern eine Ansammlung verschiedener Volksgruppen. Der Zusammenhalt in Clan und Familie ist bedingungslos, nur so können sie überleben.

„In unserem Land gibt es hunderttausende Krieger, aber kaum jemanden, der etwas Nützliches beherrscht“, sagt Amrullah Saleh, 45, früherer Geheimdienstchef Afghanistans. „Wer zwei Dutzend Bewaffnete benötigt, findet sie sofort. Wer einen Techniker für eine Klimaanlage braucht, muss lange suchen. Wie willst du so ein Land aufbauen?“ Diese Frage bewege ihn, aber leider beschäftige ihn gerade Wichtigeres. Saleh sitzt in einem weißen Sessel, von draußen dringt Flugzeuglärm ins Büro, er residiert nicht weit vom Flughafen. Saleh, ein in den USA ausgebildetes Ziehkind der CIA, ist ein Hardliner. Als Präsident Karzai vor einigen Jahren mit den Taliban verhandeln wollte, warf er aus Protest seinen Job hin. Saleh gehört zur Fraktion der Nicht-Paschtunen in der Regierung, er ist nach wie vor mächtig und bestens in den Sicherheitsapparat verdrahtet. Auf die amerikanischen Gespräche mit den Taliban in Doha kommt er aktiv zu sprechen. Sie seien ein Fehler: „Die Taliban sind Verbrecher“, sagt Saleh. „Unsere Regierung wird nicht mit ihnen verhandeln, dafür werde ich sorgen.“

Naivität und Fehleinschätzungen

Wie kann man dafür sorgen, dass die Taliban die Bundesrepublik Deutschland aus Afghanistan herausbomben? Antwort: Das braucht man nicht, dafür sorgt Deutschland selbst. Eine diplomatische Vertretung direkt an einer viel befahrenen Straße mitten in Mazãr-i Scharif zu eröffnen, als befinde man sich im tiefen Frieden, das fiel in Afghanistan nur der Bundesrepublik ein. Naivität und Fehleinschätzungen hätten Diplomaten und Bundespolizisten um ein Haar das Leben gekostet.

Die Geschichte des Anschlags auf das deutsche Konsulat in Mazãr-i Scharif beginnt lange vor dem 10. November 2016. Die USA wollten eine Vertretung in der Stadt eröffnen, ein U-förmig angelegtes Gebäude aus den 1930er Jahren war auserkoren, mit großem Garten hinter hohen, dicken Mauern. Doch plötzlich stoppten die Amerikaner den Umbau, denn in der Nähe schossen mehrere Hochhäuser aus dem Boden, mit freiem Sicht- und Schussfeld auf das Gebäude. Aus Sicherheitsgründen ungeeignet, befand das US-Außenministerium und verzichtete.

Zu jener Zeit wollte Bundesaußenminister Guido Westerwelle eine größere diplomatische Vertretung in Nordafghanistan etablieren. Eine kleine gab es schon, mit einem kleinen Team im Feldlager der Bundeswehr am Flughafen. Dies sei kein Zeichen von Vertrauen in die Afghanen, meinte Westerwelle. Das Konsulat solle in die Stadt, als Symbol für den Frieden. Die Kampftruppen seien weg, jetzt kämen die Diplomaten. „Wir werden Afghanistan nicht im Stich lassen", sagte Westerwelle am 9. Juni 2013 bei der feierlichen Einweihung des Generalkonsulats Mazãr-i Scharif. Die Wahl des Standortes ging auf eine einsame Entscheidung des Auswärtigen Amts zurück. BKA, Bundespolizei, Bundeswehr und BND hatten abgeraten, das Konsulat an dieser Stelle einzurichten. Sie sei zu gefährlich. „Die Entscheidung, das Gebäude dennoch zu beziehen, wurde nach sorgfältiger Prüfung und Abwägung aller zu berücksichtigenden Gesichtspunkte getroffen“, erklärte das Auswärtige Amt später.

Die Informationen über die folgenden Ereignisse stammen aus höchsten deutschen Sicherheitskreisen. Am Donnerstagabend, 23:03 Uhr, hält ein mit tausend Kilogramm Sprengstoff beladener Kleinlaster vor dem Konsulat. Keine Minute später fliegt er in die Luft. Die gewaltige Explosion ist in der ganzen Stadt zu hören. Teile der Konsulatsmauer liegen in Trümmern, der vordere Bereich des Gebäudes ist eingestürzt, im weiten Umkreis bersten die Fensterscheiben. Kurz darauf sind Schüsse im Gebäude zu hören, Schüsse aus Kalaschnikow-Gewehren, wie sie die Taliban und andere Terrorgruppen benutzen. Zwei, drei Angreifer sind ins Konsulat eingedrungen, deren genaue Anzahl bleibt unklar. Das Licht ist ausgefallen, die Luft voller Staub. Die Sicht ist schlecht, der Gegner nicht zu sehen. Die Schüsse nähern sich der Unterkunft des stellvertretenden Konsuls Alexander Fierley, die Angreifer gehen zielgerichtet vor, sie kennen sich offenkundig aus. Bundespolizisten, in Schlafanzug und Unterwäsche, Gewehr in der Hand, wollen Fierley und drei Mitarbeiter in Sicherheit bringen. Ihr Ziel ist der für Situationen wie diese gebaute „Safe Room“ in der Mitte des Gebäudes mit Panzertüren, die sich nur von innen öffnen lassen. Doch mitten auf dem Weg bleiben sie hängen, plötzlich kommen die Schüsse von beiden Seiten der Etage. Die von der GSG 9 geschulten Polizisten feuern nach vorn und hinten, werfen Handgranaten und schaffen es, die Mitarbeiter in ihre Unterkünfte zurückzubringen. Erfolgreich verteidigen sie das Leben der Diplomaten, nach 45 Minuten ist der Angriff vorbei. Soldaten des KSK treffen ein, durchkämmen das Gebäude, stoßen auf keinen Widerstand. Niemand ist mehr da. Vier Stunden nach der Explosion holen sie das Personal aus dem Konsulat.

Was bleibt, sind bittere Fragen. Üblicherweise ist die Straße vor dem Konsulat an einem Donnerstagabend stark frequentiert. Warum fordert die gewaltige Explosion mit ihren großen Zerstörungen lediglich sechs Todesopfer, ausschließlich Passanten? Wussten die Leute auf der Straße mehr als die deutschen Diplomaten? Warum kannten sich die Angreifer so gut im Gebäude aus? Hatten sie Unterstützer im Konsulat? Und wo war der private britische Sicherheitsdienst vor dem Eingang zum Konsulat? Warum stellte sich dessen afghanisches Sicherheitspersonal den Angreifern nicht in den Weg? Dass die Unterstützung aus dem 13 Kilometer entfernten Feldlager mehr als 45 Minuten bis zum Konsulat benötigte, ist verständlich. Doch wo war die afghanische Polizei?

Der Drahtzieher hinter dem Überfall war Sirajuddin Haqqani, Führer eines ostafghanischen Terrornetzwerkes, heißt es. Knapp fünf Jahre später, nach der erneuten Machtübernahme, sollte er Innenminister der Taliban in Kabul werden. Die Bundesrepublik hat das Konsulat in Mazār-i Scharif nach dem Anschlag aufgegeben. Die Lage war zu gefährlich. Ein halbes Jahr später explodierte eine Bombe nahe der deutschen Botschaft in Kabul. Mehrere hundert Menschen starben, weite Teile der Vertretung lagen in Trümmern. Deutschland zog den größten Teil seiner Diplomaten aus Afghanistan ab.

ZWISCHENFAZIT

2016

Ein Offenbarungseid

Mazār-i Scharif,
Rekruten der afghanischen Nationalarmee bei der Ausbildung

Die Sicherheitslage in Afghanistan hat sich nach 15 Jahren Einsatz nicht nur weiter verschlechtert, sie ist dramatisch. Die Taliban erobern weite Teile des Südens, darunter Sangin, einen Bezirk in der Provinz Helmand. Eilig herangeführte amerikanische Spezialkräfte konnten nichts mehr ausrichten. Der Plan der Taliban geht auf, Stück für Stück holen sie sich ihre früheren Gebiete zurück. Ihr Weg zurück an die Macht in Kabul führt über die Gewehrläufe. Gleichzeitig geben sie sich den Amerikanern gegenüber gesprächsbereit. Mit der Regierung in Kabul wollen sie dagegen nicht reden.

Eine geschickte Taktik und düstere Aussichten für Afghanistan, so sah das auch das Verteidigungsministerium in Berlin. „Die Taliban haben größere Bewegungsfreiheit, sie können ihre Angriffe besser abstimmen, treten in größeren Gruppen auf, unbehelligt auch bei Tag, ermöglicht durch den Abzug der westlichen Truppen, vor allem aber durch die afghanische Armee“ heißt es in einem Ministeriumsbericht, intern, nur für den Dienstgebrauch. „Von 101 Infanteriebataillonen mit jeweils bis zu 600 Soldaten sind lediglich eines voll und 52 bedingt, die anderen gar nicht einsetzbar.“

Die Bundesregierung gesteht damit ein, dass die afghanische Armee, gut 180.000 Soldaten, vom Westen bezahlt, trainiert und ausgerüstet, nichts taugt. Sie ist ohne Kampfwert und ohne Aussicht, den Taliban dauerhaft standzuhalten. Es ist ein Offenbarungseid. Der Bericht nimmt den militärischen Zusammenbruch der afghanischen Regierung und des afghanischen Staates im Sommer 2021 vorweg. Die Regierung in Kabul schickte 18.000 Soldaten nach Sangin, in den Bezirk in der Helmand-Provinz, dazu Polizisten und regierungstreue

Milizen. Diese Zahlen basieren auf Angaben der Regierung. Die Taliban hatten 1.500 bis 2.000 Leute in Sangin. Das sagten sie einem Reporter der Deutschen Presseagentur. Trotz eines Kräfteverhältnisses deutlich zugunsten der Regierung siegten die Taliban. Wie kann das sein? Antworten liefert der Bericht des US-Generalinspekteurs für den Wiederaufbau in Afghanistan, ursprünglich als Fortschrittsbericht gedacht, nun aber ein jährliches Dokument des Scheiterns. Die Rede ist von Geistersoldaten in der afghanischen Armee, gefallen, desertiert, nicht existent. Deren vom Westen gezahlten Sold stecken korrupte Kommandeure ein. Andere verkaufen Lebensmittel, Munition, Waffen, Treibstoff, kurzum alles, was die Truppe bräuchte, um kämpfen zu können. Übrig bleiben die afghanischen Spezialkräfte. Sie kämpfen dort, wo es brennt, mit jedem Monat stärker abgenutzt. Afghanistans Armee ist zwar noch nicht zerfallen, doch sie erodiert. Ihre Moral ist am Boden, ihre Ausrüstung schlecht. Ihre Checkpoints in Dörfern und ihre Posten an den Straßen gibt die Armee mehr und mehr auf, da die Verluste zu hoch sind.

Im Schnitt verloren die afghanischen Sicherheitskräfte im Jahr 2016 täglich 62 Soldaten und Polizisten, 22 durch Tod, 40 durch Verwundung. Das waren mehr als 8.000 Gefallene und 14.600 Verwundete. Hinzu kamen die Desertionen, Soldaten und Polizisten, die sich absetzten, überliefen, nach Hause gingen, alles in allem ein Personalschwund von 30 Prozent. So steht es im Bericht des Bundesverteidigungsministeriums. „Viele ländliche Gebiete sind nicht mehr kontrollierbar", lautet das Fazit im Bericht. „Ziel der Taliban ist es, das Selbstvertrauen der Sicherheitskräfte zu unterminieren und die öffentliche Unterstützung für die Regierung in Kabul auszuhöhlen." Sie sind auf dem besten Weg dorthin.

2016

Der Sohn des Blutsäufers

Mazār-i Scharif,
Grundausbildung auf Betonplatte in flirrender Mittagshitze

Es gibt eine verrückte Geschichte über Abdul Raschid Dostum, und die geht so: Ein paar Tage nach dem 11. September 2001 rief Dostum, Herr über tausende usbekischstämmige Milizen, bei der CIA an, in der Hand ein Satellitentelefon. Er könne helfen, die Taliban zu stürzen und Osama bin Laden zu fangen. In Langley waren sie ganz Ohr. Kaum vier Wochen später begann der Krieg der USA gegen Afghanistan, der weltgrößten Militärmaschinerie gegen die Taliban. Ein paar hundert Spezialkräfte am Boden, Bomben aus der Luft, den Rest sollten andere erledigen, andere wie Raschid Dostum. Mitte Oktober 2001 landete ein Dutzend US-Elitesoldaten in einem Tal des Hindukusch. Dostum erwartete sie, ihr Ziel war die Befreiung der Stadt Mazãr-i Scharif. Er begrüßte sie mit einer Überraschung: Es gab keine Autos, es gab nur Pferde. Die Amerikaner konnten vieles, reiten konnten sie nicht. Dostum brachte es ihnen bei, sie kämpften mit ihm gemeinsam im Sattel gegen die Panzer der Taliban. Ein paar Wochen später war Mazãr-i Scharif befreit.

Batur Dostum war 15 Jahre alt, als das passierte. Sein Vater war seit zwei Jahrzehnten der Führer der Usbeken, einer Minderheit in Afghanistan, ein harter, brutaler, erbarmungsloser, grausamer Mann. Man erzählt sich die Geschichte vom Soldaten, der in der Kaserne gestohlen hatte. Disziplinlosigkeiten akzeptierte Dostum nicht. Er ließ den Dieb unter einen Panzer binden und zermalmen. Die anderen Soldaten mussten zusehen. Das war 1997. Die Blutspur durch die afghanische Geschichte führt unweigerlich zu Raschid Dostum. Seit vier Jahrzehnten kämpft er an allen afghanischen Fronten. Er macht keine Gefangenen und trägt den Beinamen „Blutsäufer“. Dostum, 1954 geboren, Sohn eines Bauern, war zunächst

Landarbeiter, dann Klempner, aber das gefiel ihm nicht. Seine Berufung fand er im Militär, mit 23 Jahren wurde er Soldat. Damals herrschten die Kommunisten in Afghanistan, sie schickten ihn zur Ausbildung in die Sowjetunion. Er erwies sich als geschickter Taktiker, als ein Mann, dem die Leute folgten. Er schaffte es zum Führer der afghanischen Usbeken, der Krieg war sein Lehrmeister. Er lernte, auf dem Schlachtfeld zu agieren und nicht als Verlierer vom Platz zu gehen, auch wenn er nicht gewinnen konnte. Loyalität war ihm von Anfang an nur hinderlich. Erst war er auf der Seite der Kommunisten, dann gegen sie. Während der Taliban-Zeit kämpfte er zunächst gegen sie, dann mit ihnen, später wieder gegen sie. Er ist ein Warlord, sein Markenzeichen der Verrat.

Raschid Dostum ist ein afghanischer Überlebenskünstler. Und nach westlicher Lesart ein Kriegsverbrecher. Das Massaker von Dascht-i-Leili hängt mit ihm zusammen. Dascht-i-Leili ist eine Wüste in Nordafghanistan, nicht weit von Dostums Heimat Scheberghan entfernt. Menschenrechtsorganisationen sagen, er habe dort tausende Taliban in Containern ersticken lassen. Er bestreitet das und würde gern darüber reden, wenn es nicht gerade diese Sache mit einem Kritiker gebe, einem Politiker aus Dostums Heimat. Er habe ihn verhaften, misshandeln und vergewaltigen lassen, wirft ihm der Generalstaatsanwalt in Kabul vor. Es sei alles erstunken und erlogen, behauptet Dostum. Dennoch musste er zu seiner eigenen Sicherheit nach Ankara flüchten, in seine zweite Heimat, zu seinen drei Frauen und den anderen Kindern. Das war im Januar 2017.

Nun, ein paar Monate später, hält sein Sohn die Stellung, Batur Dostum, der Älteste, Ende zwanzig. Er empfängt in der

Familienresidenz in Scheberghan, an der Zufahrt bewaffnete Männer, hinter ihnen schwere Betonklötze auf dem Asphalt. Der Palast mit viel Glas, Rundbögen und Säulen erinnert an einen Phantasiebau aus „Tausendundeiner Nacht". Männer salutieren, als Batur Dostum heraustritt. Schüchtern lächelt er zur Begrüßung, er gibt die Hand, klein und sanft. Mit seinen jungenhaften Gesichtszügen und seinem schmächtigen Körper wirkt er nicht wie der Spross seines Vaters. Raschid Dostum ist grobschlächtig und übergewichtig, er trägt geschorenes Haar und Schnurrbart, alles an ihm ist hart und kriegerisch. Batur Dostum dagegen wirkt zart und kindlich.

Eine geschwungene Treppe führt in einen Saal. An der Tür aus Edelholz verneigt sich ein Diener, in der Hand eine Teekanne, aus deren Tülle Dampf steigt. Schwere Teppiche dämpfen den Schritt. Licht aus Kronleuchtern strahlt auf lange Reihen von Sesseln und Sofas aus braunem Leder. Eine Klimaanlage surrt, die Fenster sind mit schwerem Stoff verhängt. Batur Dostum setzt sich in einen der Sessel, der Diener gießt grünen Tee in fein bemalte Tassen, geht hinaus, kommt mit zwei Schüsseln voller Gebäck und Nüssen zurück. Beim Hinausgehen entblößt er sein Gebiss, seine Zähne sind nur noch schwarze Stümpfe. Viele Menschen haben Angst vor Dostum und seinen Milizen. Allein der Verdacht, ein Taliban zu sein, genügt, um in einem der Gefängnisse Dostums zu verschwinden. „Mein Vater kann keinem Tier und keiner Pflanze etwas zuleide tun", sagt Batur Dostum. „Er ist kein Monster, er will nur Frieden. Aber die Taliban wollen Krieg." Es klingt wie eine Presseerklärung.

Dostums Herrschaftsgebiet gehört zum Zuständigkeitsbereich der Bundeswehr. Über Jahre hat er den Deutschen den Kampf gegen die Taliban abgenommen. Man kam sich nicht in die Quere. Dostums Leute plündern paschtunische Dörfer und töten Unschuldige. Batur Dostum nickt leicht. „Das sind Terroristen und Verbrecher", sagt er. „Die Freiheit am Hindukusch verteidigen, war es nicht ein deutscher Politiker, der das gesagt hat? Wir verteidigen unsere Freiheit!" In den paschtunischen Dörfern sterben auch Frauen und Kinder. „Es ist ein Fehler, an Afghanistan die moralischen Vorstellungen einer Gesellschaft anzulegen, die im Frieden lebt", sagt Dostum. „Weiß Deutschland nicht, was es bedeutet, im Krieg zu leben?" Deutschland hat Lehren aus seiner Vergangenheit gezogen. Dostums Tasse steht unberührt auf dem Tisch. Das Gespräch scheint ihn zu amüsieren. Er lächelt leicht, lehnt sich vor, greift in die Schale mit den Nüssen und zermalmt sie mit langsamen Bewegungen seines Kiefers. „Der Westen teilt die Welt in Gut und Böse und glaubt, er gehöre zu den Guten", sagt Dostum. „Für meinen Vater und mich gibt es diese Kategorien nicht. Mein Vater wird alles tun, um sein Volk zu beschützen."

Batur Dostum hat in Ankara Internationale Beziehungen studiert. Er redet gewandt, mit leiser Stimme. „Die Taliban haben amerikanische Panzer, afghanische Uniformen und russische Raketen." Sein rechter Fuß wippt, während er aus seiner Kindheit erzählt. Bücher über Dschingis Khan habe er verschlungen. Sie seien Abkömmlinge des großen mongolischen Herrschers, habe ihm sein Vater erzählt, stolze Krieger auf Pferden. So wäre auch er gern, ein stolzer Krieger, wie sein Vater. Doch Raschid Dostum wollte, dass sein Sohn Politiker wird. Batur Dostum schüttelt mit betrübtem Blick den Kopf. Es würden so viele Lügen über seinen Vater verbreitet, klagt der Sohn, wie die Lüge vom Massaker von Dascht-i-Leili beispielsweise.

„Mein Vater hat lediglich den Befehl gegeben, die Taliban ins Gefängnis zu bringen. Die Schuld an dem Massaker trägt ein Unterkommandeur. Mein Vater war damals in Kundus und hat mit den Amerikanern den nächsten Angriff vorbereitet. Fragen Sie die Amerikaner, die können das bestätigen."

Sein Diener reicht ihm ein paar Papiere. Er blättert darin. „Hier ist ein weiteres Beispiel dafür, dass die Medien im Westen die Unwahrheit verbreiten. Die usbekischen Milizen von General Dostum steckten die Gefangenen in Brunnen, die sie von Bulldozern einebnen ließen", liest er vor. Er blickt auf und fragt: „Wissen Sie, wie es tatsächlich war?" Ein Massaker 1997, Mazãr-i Scharif, Dostums Stellvertreter Abdul Malik Pehlawan lief zu den Taliban über, Dostum flüchtete in die Türkei. Die Taliban rückten in die Stadt ein, sie hatten Pehlawan vertraut. Es war eine Falle, die usbekische Bevölkerung erhob sich, die Taliban kamen nicht mehr aus der Stadt. 2.000 Gefangene landeten in 20 Meter tiefen Brunnen in der Wüste, sie wurden mit Sand zugeschüttet, bei lebendigem Leib. „Mein Vater konnte das gar nicht getan haben, da war er bereits in der Türkei", sagt Batur Dostum.

Ist das glaubhaft? Dostum ließ foltern, morden, plündern und vergewaltigen. Tausende Menschen haben das während der Belagerung von Kabul in den 1990er-Jahren erlebt, Menschenrechtsorganisationen haben diese Kriegsverbrechen dokumentiert. Dostum wurde nie zur Rechenschaft gezogen. Heute ist er der Vizepräsident von Afghanistan. Der Diener betritt den Raum, sie könnten jetzt essen, sagt er. Es gibt Hühnchen und Reis, Fanta und Coke. „Wie kann es gelingen, das Image meines Vaters in Deutschland zu verbessern?" fragt Batur Dostum. „Könnte es helfen, ein paar Bundestagsabgeordnete nach Scheberghan einzuladen?" Dostum will jetzt Politik machen. Im Auftrag seines Vaters, der hatte vor dem Essen angerufen. „Der Befreier Afghanistans lässt Grüße ausrichten und fragt, ob die Politiker in Deutschland mal einen wahren Helden kennenlernen wollen und nicht nur den korrupten Präsidenten." Batur Dostum meint es ernst, er redet langsam.

Selbst die Amerikaner, seine einstigen Verbündeten, haben Dostum fallengelassen. Er bekommt kein Visum mehr. Einst hat er mit ihnen gekämpft, heute fühlt er sich betrogen. Hollywood hat einen Film gedreht, über ihn und die US-Elitesoldaten, die damals auf Pferden gegen die Taliban ritten. Der Film heißt „Horse Soldiers". „Die Amerikaner verehren ihn als Helden", sagt Batur Dostum und lächelt süffisant, während er das sagt. Es ist Nachmittag geworden, in zwei Stunden fällt die Dunkelheit über Afghanistan. Die Rückfahrt nach Mazār-i Scharif führt durch Taliban-Gebiet, es wird Zeit aufzubrechen. Der marmorne Innenhof, der in Fontänen plätschernde Brunnen und die zwischen Rosensträuchern und Eukalyptusbäumen angelegten Kieswege wirken wie die Alhambra in Miniatur. Sie spiegelt den Fürstentraum eines afghanischen Warlords wider. Die Fahrzeuge sind bereit, die Motoren laufen.

Majestätsbeleidigung

Atta Mohammad Noor zeigt gern, was er hat. Dunkelblauer Anzug, edle Krawatte, weißes Hemd, Designerschuhe, Luxusuhr, gepanzerte Audi A8 im Hof. Schwerer Leuchter im Empfangssaal, der Fußboden mit Teppichen bedeckt. Ein schwarzer Bart rahmt sein Gesicht mit den dunklen Augen ein, der Händedruck ist so sanft wie seine Stimme. Atta Mohammad Noor hat der Welt etwas mitzuteilen. Etwas läuft ganz gewaltig schief in Afghanistan. „Und das hat mit dem Präsidenten in Kabul zu tun, der sich wie ein mittelalterlicher Monarch aufführt", sagt Atta Mohammad Noor, Führer der Tadschiken in Nordafghanistan, Gouverneur der Provinz Balch und Palastherr in Mazār-i Scharif, einer Millionenstadt mit modernem Flughafen, an dem die Bundeswehr ihr Feldlager hat. Atta ist Warlord, Politiker und Unternehmer, seine Macht kommt aus den Gewehrläufen. Der angebliche Milliardär müsste nur mit dem Finger schnippen, und die Bundeswehr bekäme ein Problem. Selbst Bundeskanzlerin Angela Merkel hat Mohammad Atta Noor bereits besucht. Das würde sie jetzt vermutlich nicht mehr tun, denn Atta steht am Pranger.

Nicht, weil seine Milizen ein paar Bauern in paschtunischen Dörfern getötet haben. Das kommt häufig vor, sie seien Taliban und Terroristen gewesen, dieser Verweis rechtfertigt so gut wie alles. Es ist viel banaler. Jemand hatte ihn kritisiert, ein Provinzpolitiker, auf Facebook, Majestätsbeleidigung. Atta hatte daraufhin seine Leute zum Flughafen geschickt, und bei der Festnahme war es zu einer Schießerei gekommen. Vier Tote mitten am Tag, auf einem internationalen Airport. Der Politiker war im Gefängnis gelandet und am nächsten Tag freigekommen, misshandelt, ein Teil seines Ohres war abgerissen. Wiederum einen Tag später hatten Medien in Kabul berichtet,

Attas Sohn habe dem Gefangenen das Ohr abgebissen. Er werde ein Untersuchungsteam nach Mazãr-i Scharif senden, ließ Präsident Ghani daraufhin erzürnt verkünden.

Für Atta Mohammad Noor ist das eine Unverschämtheit, eine weitere Majestätsbeleidigung. „Ich darf Ihnen versichern, dass an den Vorwürfen nichts dran ist", sagt Atta und schlägt die Beine übereinander. „Der Gefangene hat die Wärter angegriffen, diese wehrten sich. Meine Polizei hat bereits alles ermittelt, das Protokoll ist einsehbar." ‚Meine Polizei' hat er gesagt. „Das afghanische Volk braucht jemanden, der Ghani entgegentritt." Atta meint sich. Und die internationale Gemeinschaft. „Der Westen muss diesen Präsidenten entmachten, ehe es zu spät ist."

Atta Mohammad Noor und Aschraf Ghani sind einander in herzlicher Abneigung verbunden. Seit Ghanis Wahl zum Präsidenten im Juni 2014 droht ihm Atta mit „Revolution", sollte der Kandidat des Nordens, Abdullah Abdullah, nicht gleichberechtigt an der Macht beteiligt werden. Ghani und Abdullah, sie bildeten eine „Regierung der nationalen Einheit", in der jeder tut, was er will. So schickte Ghani Kommandeure der Armee und Polizei nach Hause und begründete diesen Schritt mit dem Kampf gegen die Korruption. Unter den Kommandeuren befanden sich auch Gefolgsleute von Atta, die lukrative Aufträge für dessen Firmen beschafften. Auch Atta persönlich wollte der Präsident von dessen Posten entfernen. Er habe sich selbst zum Gouverneur gemacht, sagt Ghani, das sei illegal. Atta verwies, clever wie er ist, auf die wirtschaftliche Entwicklung in Mazãr-i Scharif: Keiner Stadt in Afghanistan gehe es besser. Und 5.000 Milizen unter seinem Kommando gebe es auch noch. Ghani lenkte daraufhin ein und bestätigte Atta als Gouverneur. Ruhe kehrte seitdem dennoch nicht ein.

Atta nimmt ein paar Nüsse aus einer Schale, kaut langsam, als müsse er nachdenken, seine Augen verengen sich zu Schlitzen. „Ich frage mich, warum unsere Armee nicht entschiedener gegen die Taliban vorgeht“, sagt er und gibt die Antwort gleich selbst: „Ghani benutzt die Taliban, um uns zu schwächen.“ Der Präsident unterstütze die Taliban, um die Warlords zu schwächen, wirft Atta Ghani also vor. Der Feind meines Feindes ist mein Freund. So geht Ghani vor, folgt man Attas Diktion. Gerade schloss Ghani Frieden mit Gulbuddin Hekmatyar, Attas Todfeind, mit dem sich dessen Allianz aus Tadschiken und Usbeken in den 1990er-Jahren ein Gemetzel um Kabul geliefert hatte. Ghani schloss Frieden mit einem Mann, dessen paschtunische Miliz tausende afghanischer Soldaten und hunderte amerikanische Soldaten auf dem Gewissen hat. Er habe Hekmatyar amnestiert, damit andere Taliban-Gruppen seinem Beispiel folgten, erklärte Ghani.

Doch die Taliban interessiert das nicht, sie wollen nicht mit ihm, sondern mit den Amerikanern verhandeln. „Der Westen muss diesen Präsidenten entmachten, ehe es zu spät ist“, sagt Atta beschwörend, „ehe es hier zum Bürgerkrieg kommt.“ Wir gegen die, der Verteilungskampf in Afghanistan hat begonnen. Der Westen ist weg, neue Machtgrenzen entstehen. Atta Mohammad Noor hat seinen Ohrbeißer-Sohn sicherheitshalber nach Großbritannien geschickt. Zum Studium, wie es heißt.

2018

Ein Land wird geplündert

Mazār-i Scharif,
Transporthubschrauber CH-53 auf der Start- und Landebahn des Flughafens

Diana Afzali ist unverschämt. Sie trägt eine enge schwarze Hose, ein Jeanshemd und ein nachlässig um den Kopf gelegtes Kopftuch. Es rutscht ständig zurück, während sie redet, sodass ihre braunen Haare hervortreten. Mehrere Männer sitzen im Raum, ältere Männer: Sie solle das Tuch korrigieren, wird sie ermahnt. Diana Afzali überhört die Bemerkungen. Dem Klischee der entrechteten, sich dem Mann unterwerfenden afghanischen Frau entspricht sie nicht. Sie trägt keine Burka auf der Straße und beugt sich nicht den Vorgaben der religiösen Hardliner, ihren Körper zu verschleiern. Diana Afzali gehört, selbstbewusst und gebildet, zur Zukunftsgeneration ihres Landes. Sie ist Afghanistans erste Geologin, berät den Präsidenten in Bergbaufragen und hat etwas zu sagen. „Es bricht mir das Herz, wenn ich sehe, wie wenig wir aus unseren Möglichkeiten machen, weil es in unserem Land zu viele alte Männer gibt, die nur die Hand aufhalten“, sagt sie wütend, aber auch ein bisschen hilflos. „Wenn ich mehr Macht hätte, würde ich die vielen unfähigen, unnützen Leute aus dem Bergbauministerium hinauswerfen. Sie blockieren die Zukunft unseres Landes.“

Wer so etwas sagt, lebt gefährlich. In Afghanistan dominieren negative Worte wie Krieg, Korruption, Scheitern und Aussichtslosigkeit. Ein positives Wort wie Zukunft nehmen selbst die Afghanen nicht mehr in den Mund. Im alltäglichen Kampf ums Überleben bleibt kein Raum für Gedanken an das Morgen. Dabei ist Afghanistan reich, Armut und Rückständigkeit ließen sich abbauen mit diesem Reichtum. Bodenschätze ist das Zukunftswort, und Diana Afzali ist eine Protagonistin dieser Zukunft. Doch der Reichtum erweist sich bisher als Fluch. Es begann mit den Amerikanern. Sie waren in Kabul auf Karten und Bodenanalysen gestoßen, angelegt von den Sowjets, die nach ihrer

Invasion in den 1980er-Jahren die afghanische Erde untersucht hatten. Es gab Hinweise darauf, dass im afghanischen Boden ein Schatz schlummert. Die Amerikaner schickten daraufhin ein Spezialflugzeug über das ganze Land, ein Flugzeug, das den Boden scannt. Die Ergebnisse sprengten alle Erwartungen: Die amerikanischen Geologen schätzten die Vorkommen an Kupfer auf 45 Millionen Tonnen, an Eisenerz auf 2.450 Millionen Tonnen und an Seltenen Erden auf 1,4 Millionen Tonnen. Ferner wiesen sie große Mengen an Aluminium, Gold, Silber, Zink, Quecksilber und Lithium nach. Die 41 Millionen Afghanen sitzen auf einem Schatz im Gesamtwert von einer Billion Dollar. „Mit diesen Funden bieten sich Afghanistan atemberaubende Möglichkeiten", sagte der Oberbefehlshaber der internationalen Truppen in Kabul, als er die Ergebnisse 2010 präsentierte.

Polytechnische Universität Kabul, Bergbau-Fakultät. Hier hat Diana Afzali studiert. An der Wand hängt eine Karte mit vielen bunten ineinandergreifenden Flächen, die Afghanistan wie ein abstraktes Gemälde aussehen lassen. Jede Farbe steht für einen Rohstoff, für Kupfer, Gold, Eisen, Kohle, Öl, Gas, Kobalt, Chrom, Lithium und seltene Erden. Orange, Gelb, Grün, Blau, Schwarz, kaum ein Quadratzentimeter ohne Farbtupfer. Afghanistan, das bis auf Getreide und Opium kaum etwas produziert, könnte eine Rohstoffnation werden: Viele Jobs im Bergbau bedeuten größere Zufriedenheit, größere Zufriedenheit könnte weniger Taliban bedeuten.

Frieden durch Rohstoffe ist eine Hoffnung, die sich allerdings schon oft zerschlagen hat. In Sierra Leone wollten ausländische Firmen Diamanten abbauen und heizten einen jahrelangen Bürgerkrieg an. Im Kongo finanzierten sich ganze

Warlord-Armeen durch den illegalen Abbau von Lithium und anderen Rohstoffen. Die Mudschaheddin in Afghanistan kauften Waffen gegen die Sowjets und bezahlten mit Smaragden und Lapislazuli. „Seit Jahrzehnten sind es vor allem Verbrecher, die sich an den Schätzen unseres Landes bereichern, Taliban, Warlords, korrupte Regierungsmitarbeiter", erzürnt sich Diana Afzali. Noch so ein Satz, sehr gefährlich für eine junge Frau, die darauf hoffen muss, dass sich die Lage in Afghanistan nicht noch weiter verschlechtert. Noch schützt sie ihre Beraterrolle bei Präsident Ghani, doch sie hat bereits vielen Menschen auf die Füße getreten. Mitarbeitern im Bergbauministerium, die verhindern, dass illegale Minen verstaatlicht werden, Warlords wie Raschid Dostum, der Öl- und Gasfelder in Nordafghanistan ausbeutet, obwohl sie ihm nicht gehören, Taliban-Gruppen, die Edelsteine abbauen.

„Es gibt einen Schattenstaat im Staate, der neben der militärischen und politischen Macht nun dabei ist, auch die Wirtschaft unseres Landes zu übernehmen", sagt Jawed Noorani, Mitarbeiter bei Integrity Watch Afghanistan, einer Organisation, die Transparenz in die afghanische Politik und Wirtschaft bringen will. Doch Transparenz herzustellen ist schwierig, daran haben die Profiteure des Schattenstaats kein Interesse, auch die Taliban nicht. Sie haben ihren eigenen Schattenstaat etabliert, mit Gouverneuren, Polizei- und Militärkommandeuren, mit Ministern und Beamten.

In Badachschan, der Provinz im äußersten Nordosten, zeigt sich der Kampf um die Rohstoffe besonders deutlich. Seit sechs Jahren ist die Bundeswehr dort weg. Schmugglerbanden und Milizen, Bergleute und deren Dörfer schlagen sich je nach Lage zur Regierung oder zu den Taliban. Es ist ein blutiges, bizarres Ringen um Gold und Edelsteine, etwa um die Goldmine von Raghistan. Drinnen lassen regierungstreue und talibantreue Milizen von zwei Seiten graben, draußen sind die Frontlinien erstarrt, immer wieder flammen Kämpfe auf. Keiner kommt voran, doch das macht nichts, solange beide profitieren. In den Bergdörfern gibt es genug Arbeiter, sie heuern auf beiden Seiten an, sprengen das Golderz aus dem Berg und schaufeln es auf Lastwagen. Die fahren das Golderz dann nach Pakistan. 40.000 bis 60.000 Dollar nehmen die Taliban monatlich ein, schätzt der Gouverneur von Raghistan. „Der Bergbau in Afghanistan ist in den Händen der Mafia“, sagt Jawed Noorani von Integrity Watch. „Unser Land wird wie Kongo werden, ein Land, das von den um Bodenschätze kämpfenden Warlords und Mafiabanden verheert wird. Unser Land wird geplündert.“

Die Gesellschaft für Internationale Zusammenarbeit (GIZ) möchte das verhindern, sie hat den Lehrplan des Geologie- und Bergbaustudiums an der Universität Kabul im Auftrag der Bundesregierung überarbeitet und vermittelt afghanischen Studenten Gastsemester an der Bergakademie in Freiberg. Beste Ausbildung für hunderte Studenten, doch was dann? Die Absolventen haben drei Möglichkeiten: Entweder bewerben sie sich um einen Posten im Bergbauministerium, vorausgesetzt, sie kennen dort jemanden, den sie bestechen können. Oder sie heuern bei Taliban, Warlords oder Mafia an und helfen ihnen beim illegalen Abbau der Rohstoffe. Oder sie hoffen, dass die zweitgrößte Kupfermine der Welt in Gang kommt.

Mes Ainak, 50 Kilometer südöstlich von Kabul, ist ein 28 Quadratkilometer großes Gelände mit 450 Millionen Tonnen

Mazãr-i Scharif,
Ausbildung afghanischer Techniker an einem amerikanischen Humvee

Kupfererz im Wert von 50 Milliarden Dollar, bewacht von der Polizei, mitten in Taliban-Gebiet. Am Fuße der Mine stehen Baracken, in denen ein Dutzend chinesische Arbeiter leben, deren Staatsfirmen sich die Rechte an der Kupfermine gesichert haben. Die Chinesen zahlten damals 800 Millionen Dollar an die Regierung in Kabul, versprachen 3.500 Jobs und sagten Investitionen in Höhe von drei Milliarden Dollar zu. Davon wollten sie unter anderem eine Erzschmelze und eine Bahnlinie nach Pakistan bauen, um das Kupfer über den Ozean nach China transportieren zu können. Die afghanische Regierung feierte das Abkommen als Beginn einer neuen Zeitrechnung.

Von der Euphorie ist nichts geblieben. Eine Erzschmelze benötigt viel Wasser, das in Mes Ainak die Bauern auf ihren Feldern brauchen. Sie protestierten, die Regierung blieb hart, die Bauern heuerten bei den Taliban an. Seitdem geht nichts mehr in Mes Ainak. Die Mine ist umzingelt. Kein Problem für die Chinesen, die Preise für Kupfer sind sowieso gerade im Keller. Sie können warten. Wenn zwischenzeitlich die Taliban die Macht übernehmen sollten, ist auch das kein Problem. Die Chinesen unterhalten gute Beziehungen zu den Taliban.

„Wir sterben wie die Fliegen“

Es war eine Hinrichtung. Ein Stützpunkt der afghanischen Armee im Nordwesten, ein, zwei Dutzend Soldaten. Ein paar wachten des Nachts, die anderen schliefen, als das Überfallkommando der Taliban kam. Schüsse aus dem Nichts, mit Präzisionsgewehren mit Nachtsichtoptik und Schalldämpfer. Die Taliban standen vor den schlafenden Soldaten, und ehe diese verstanden, was geschah, schleppten die Taliban sie hinaus, schalteten die Kamera an und erschossen einen nach dem anderen mit einer Kugel in den Kopf. Das Video mit den Exekutionen schickten die Taliban auf die Mobiltelefone anderer Soldaten, versehen mit dem Satz: „Wenn ihr weiterleben wollt, lasst eure Waffen zurück und verschwindet.“ So berichtet es Noorodien Mudaris.

Mazār-i Scharif, ein Krankenhaus der afghanischen Armee, ein Zimmer mit acht Soldaten, verwundet bei der neuesten Offensive der Taliban. Sie hatten Glück im Unglück, sie leben noch. „Die Taliban haben Nachtsichtgeräte und Waffen mit Laserzielfernrohr“, sagt Noorodien Mudaris, Anfang 20. Er sitzt auf der Bettkante und will erzählen, aufgewühlt von den Ereignissen. Von seinem linken Arm ist ihm nur ein in Mull gepackter Stumpf geblieben, sein Arm wurde von einer Granate zerfetzt. Nachtsichtgeräte und Laserzielfernrohre, das ist Hightech, westliche Soldaten sind nicht besser ausgerüstet. Shehr Mohammad, das linke Bein in einem blutigen Verband, liegt im Bett daneben und dreht sich zu ihm: „Die Nato muss uns helfen, wir sterben wie die Fliegen“, stöhnt er. „Wenn sich nichts ändert, werden die Taliban uns überrollen.“

Allein in Nordafghanistan, im Verantwortungsbereich der Bundeswehr, sind zwischen Januar und September 2018 rund

Mazãr-i Scharif,
Leitwerk eines Flugzeugs der Afghanischen Nationalarmee

1.500 Soldaten gefallen und dreimal so viele verletzt worden. „Wir waren 300 Mann in meiner Einheit, 70 sind übrig, die anderen sind tot, verwundet oder vermisst", sagt Noorodien Mudaris. Doch die Nato hilft nicht. Sie will keinen Krieg mehr führen in Afghanistan. „Du bist ein Held, ein tapferer Kämpfer", sagt der Arzt und mustert Noorodiens Verband.

Red Units, so nennen die Afghanen die Eliteeinheiten der Taliban, ehrfürchtig und ängstlich. Sie sind ausgerüstet wie westliche Spezialkräfte, trainiert im Nachtkampf, junge Männer, zwei Handvoll, mehr nicht pro Trupp, rekrutiert in den Flüchtlingslagern Pakistans, an kein Dorf, keinen Clan und keinen lokalen Stamm gebunden. Vogelfrei, brutal, kommandiert aus Pakistan, schlagen sie zu, gegen größere Armee-Einheiten wie die von Noorodien Mudaris, und verschwinden in der Nacht. Unter den afghanischen Soldaten verbreiten die Red Units Angst und Schrecken. „Haut ab, wenn euch euer Leben lieb ist". Diese Botschaft verbreiten sie mit jedem neuen Überfall auf einen Posten und bereiten den Boden für die Machtübernahme der Taliban. Die paar tausend westlichen Truppen, die noch in Afghanistan stehen, sind machtlos dagegen.

Kundus, Camp Pamir, das große Lager der afghanischen Armee. Klaus Unverzagt, Militärausbilder aus Deutschland, betritt das Büro von Oberstleutnant Shafi. An der Wand hängen Lehrtafeln mit Abschusswinkeln und Reichweiten von Geschützen. Ein paar Dutzend Kanonen sowjetischer Bauart, auf den ganzen Norden verteilt, das ist es, wofür Shafi zuständig ist. Jede Nacht Gefechte, zuletzt Angriffe auf ein paar Posten in der Nähe, Shafi trägt gerade zusammen, was passiert ist. „Habt ihr die Geschütze gut einsetzen können?" fragt Klaus

Unverzagt. „Oh, ja, wir haben 37-mal geschossen und den Feind verjagt. Das war für unsere Truppen eine große Hilfe." Shafi nickt entschieden, vielleicht will er Unverzagt mit dieser Geste bedeuten, dass doch noch alles gut wird. Vor drei Jahren hat Oberstleutnant Shafi seinem Sohn Geld in die Hand gedrückt und ihn auf die Flucht nach Deutschland geschickt.

Sieben Gefallene und viele Verletzte, das war die Bilanz der nächtlichen Überfälle allein auf die paar Posten in der Nähe. Oberstleutnant Shafi blickt betreten auf die Tischplatte, während er das sagt. 20.000, das ist vorsichtigen Schätzungen zufolge die Zahl der afghanischen Kriegstoten in diesem Jahr, sagen die Forscher der Crisis Group. Für den Einsatz der deutschen Militärausbilder gibt es nur noch ein Wort: aussichtslos. Anderthalb Jahre ist es her, da war Unverzagt schon einmal in Kundus, schon einmal Militärberater, schon einmal bei Oberstleutnant Shafi. Damals wie heute dieselben Probleme. Ein Artilleriegeschütz ist ein Prestigeobjekt. Wer eines hat, der gibt es nicht mehr her, auch wenn es an anderer Stelle dringender gebraucht wird. „Es gibt Gouverneure, die rufen den Präsidenten in Kabul an, wenn die Armee ein Geschütz abziehen will", sagt Unverzagt. „Der Präsident informiert dann den Verteidigungsminister, und der befiehlt den Kommandeuren, das Geschütz zu belassen, wo es ist. So kann man keinen Krieg führen." Klaus Unverzagt macht sich keine Illusionen. Der Krieg ist verloren.

Mazār-i Scharif, Camp Shaheen, das größte afghanische Armeelager im Norden. Generalmajor Mohammad Ahmadzai, Kommandeur der Truppen in der Region, hat miese Laune. Wieder betritt ein deutscher Militärberater ein afghanisches

Büro, und wieder schlechte Nachrichten. „Wo waren die Flugzeuge heute Nacht?“ General Ahmadzai war zuletzt in Südafghanistan, dort schickten die Amerikaner regelmäßig Flugzeuge und unterstützten Ahmadzais Truppen. Er ist anderes gewöhnt. Im Norden gibt es nur die afghanische Luftwaffe. Die Deutschen haben keine Flugzeuge. Hans-Peter Rehfeldt, der Berater von Mohammad Ahmadzai, muss das dem General jetzt erklären. „Wenn Sie Luftunterstützung brauchen, müssen Sie die richtigen Meldewege nutzen.“ Ahmadzai, Blick auf die polierte Schreibtischplatte, schweigt. „Für die Anforderung von Kampfjets gibt es ein Formular, auf dem Zeitpunkt und Ort der Operation anzugeben sind, Sie müssen es an das zuständige Kommando nach Kabul schicken. Es nützt nichts, mich anzurufen. Ich habe keine Flugzeuge.“ General Ahmadzai schüttelt mit ungläubigem Blick den Kopf, steht auf und tritt an eine Landkarte hinter seinem Schreibtisch. „Hier und hier haben die Taliban heute Nacht angegriffen“, sagt er und deutet auf die Gegend um Kundus und Baghlan. „Jedes Mal fällt es mir schwerer, den Angehörigen der Gefallenen unter die Augen zu treten.“ Und der deutsche Oberst erklärt ihm, wie er Formulare auszufüllen hat.

Hauptstadt im Würgegriff

Höchste Alarmstufe in Kabul, mal wieder, es ist der Tag vor dem Aschura-Fest. Für die Schiiten der wichtigste Tag im Jahr, an dem sie des Todes des für sie dritten Imams Husain gedenken. Die Gläubigen ziehen durch die Straßen, ein lohnendes Ziel für Terroristen. In Afghanistan führen nicht nur die Taliban Krieg gegen die Regierung, sondern auch Sunniten gegen Schiiten. Soldaten und Polizisten an jeder Ecke sollen verhindern, dass sich verheerende Anschläge wie in den vergangenen Jahren wiederholen. Doch woran erkennt man einen Selbstmordattentäter?

Regierungsviertel, hier die Ruine der deutschen Botschaft, dort das Hauptquartier der westlichen Truppen, dazwischen eine Straße, ein grüner Pickup der afghanischen Armee, starker Verkehr, es geht kaum voran. Plötzlich ein dumpfer Knall, als würde ein Flugzeug die Schallgrenze durchstoßen, eine Druckwelle. Der Pickup fliegt in die Luft und schlägt krachend wieder auf. Die Fahrertür ist geöffnet, ein Körper hängt heraus. Eine von einem Mopedfahrer unbemerkt und blitzschnell angebrachte Haftmine, während das Auto im Stau stand. Der Soldat überlebt schwer verletzt. Es gibt keine Sicherheit in Kabul, für niemanden, nirgends. Afghanistans Hauptstadt ist einer der gefährlichsten Orte der Welt. Bomben, Raketen, Überfälle und Entführungen sind jederzeit an jedem Ort möglich.

Das sei nicht auszuhalten? Nawab Amadzai wiegt den Kopf, bevor er antwortet. „Wenn es so wäre, wäre ich nicht hier.“ Nawab Amadzai müsste nicht in Kabul sein. Er ist Deutscher, Mitte 50, geboren in Afghanistan, die Familie lebt in Bayern. Der afghanische Innenminister hat den Juristen vor ein paar Jahren gebeten, eine Militärstaatsanwaltschaft aufzubauen.

Ein Angebot, das Amadzai nicht ablehnen konnte. „Ich kann mein Heimatland nicht im Stich lassen.“ Sein Arbeitsplatz liegt mitten im Regierungsviertel, er kommt und geht in einem gepanzerten Mercedes G300, es ist sein eigener, in Deutschland gekauft. Bevor er nach Afghanistan kam, war ihm klar, dass er ein Ziel für Taliban und Terroristen sein würde. Nicht nur für sie, auch für Gegner aus den eigenen Reihen, für korrupte Polizisten, kriminelle Soldaten und Angehörige der Sicherheitskräfte, die mit dem Feind zusammenarbeiten. „Besonders schlimm ist es, wenn wir einen hohen Offizier verhaftet haben“, sagt Nawab Amadzai. „Dann klingelt unaufhörlich mein Telefon, sie bieten Geld oder drohen gleich, mich umzubringen.“ Unberechenbar sein, den Gegner austricksen, verwirren, ständig auf einer anderen Route und zu anderen Zeiten zur Arbeit, so lebt Nawab Amadzai. Er kommt, wenn Kabul aufwacht, und geht, wenn die Stadt schon schläft, seine Leibwächter sind immer dabei. „Kabul ist kein Kriegsgebiet“, sagt Nawab Amadzai. „Sonst würde ich hier nicht freiwillig leben.“

Vor kurzem erklärte das Auswärtige Amt in Berlin, die Sicherheitslage in der Stadt habe sich verbessert, abgelehnte Asylbewerber könnten nun zurückführt werden. Schulbetrieb, Arbeitsalltag und geöffnete Restaurants sind die eine Seite von Kabul, Terror, Gewalt und Entführungen die andere. Deutsche Mitarbeiter der Gesellschaft für Internationale Zusammenarbeit (GIZ) leben hinter meterhohen Betonmauern auf einem mit Stahltoren, Bunkern und Bewaffneten gesicherten Gelände. Die Nato transportiert ihr Personal nur noch mit Hubschraubern durch die Stadt. „Der Westen wollte uns Sicherheit bringen, seine Leute fühlen sich selbst aber so unsicher, dass sie es nicht mehr wagen, auf unsere Straßen zu gehen“, sagt

Mohebullah Stanekzai. „Der Westen ist gescheitert in Afghanistan.“ Der adrette junge Mann in tailliertem Anzug, weißem Hemd, Krawatte und Lederschuhen hat es geschafft im neuen Afghanistan. Mit seinem fließenden Englisch arbeitet er in der Pressestelle des Außenministeriums und postet für die Regierung bei Facebook. Angst ist sein täglicher Begleiter, es ist die Angst am Morgen, seine Familie am Abend nicht mehr wiederzusehen. Es ist die Angst am Tag, die Kinder könnten auf dem Schulweg entführt werden. Und es ist die Angst am Abend, zur falschen Zeit am falschen Ort zu sein und in einen Überfall oder einen Bombenanschlag zu geraten.

„Es ist schrecklich“, sagt Stanekzai. „Jeder in Kabul lebt permanent in Angst, seine Familie am Abend nicht wiederzusehen.“ Ohne Mobiltelefon wäre es noch schlimmer. Seine Frau und er sind ständig in Kontakt. Bist du gut angekommen? Sind die Kinder von der Schule zurück? Hast du gehört, es gab einen Überfall? Wann bist du zu Hause? Sein Mobiltelefon klingelt, seine Frau ist dran. „Lass uns nachher in ein Restaurant gehen“, sagt er. Trotz der permanenten Gefahr versuchen sie, ein normales Leben zu führen. Vor ein paar Wochen, als das islamische Opferfest begann und Präsident Ghani im Garten seines Palastes vor vielen Gästen eine Rede hielt, schlugen Raketen ein. Panik breitete sich aus, die Menschen suchten Schutz. Selbst der Präsident ist nicht sicher, nicht mal an seinem Sitz. Die Raketen kamen vom Dach nahe einer Moschee, lediglich ein paar hundert Meter entfernt. Der Angriff endete erst, als Kampfhubschrauber die Taliban beschossen. „Der Krieg muss endlich aufhören“, sagt Mohebullah Stanekzai. „Egal, mit wem ich rede, jeder will nur eines: Frieden und Sicherheit. Die meisten von uns würden inzwischen auch eine Beteiligung der Taliban an der Regierung akzeptieren."

Die permanente Todesgefahr macht die Menschen krank. 80 Prozent der Einwohner Kabuls sind depressiv, schätzt die Weltgesundheitsorganisation. Eine Millionenstadt im psychischen Ausnahmezustand. Eine Rückkehr der Taliban wäre eine Katastrophe für Mohebullah Stanekzai und seine Frau. Sie sind liberal, weltoffen und keine religiösen Hardliner wie die Taliban. Seine Frau fährt Auto, sie trägt Kopftuch, aber keine Burka. Unter den Taliban ist das unvorstellbar. Mohebullah Stanekzai würde das trotzdem hinnehmen, wenn der Krieg nur endlich aufhört. „An Verhandlungen mit den Taliban führt kein Weg vorbei."

Mazār-i Scharif,
Besatzungsmitglied eines deutschen Transporthubschraubers

Der Deutsche, der auszog, Taliban zu werden

Es ist die Geschichte eines persönlichen Scheiterns. 28. Februar 2018, ein Dorf im Süden Afghanistans, tiefe Nacht, amerikanische Spezialkräfte suchen einen Taliban-Kommandeur und finden ihn, Thomas K. „Ich bin Deutscher", sagt er, hager, zerbrechlich, auf dem Boden einer Hütte, Salwar Kamiz am Leib, schwarzer Turban, langer, rotbrauner Bart. Die Soldaten machen ein Bild von ihm, es verbreitet sich in fast allen deutschen Medien. Ein deutscher Taliban, so berichten sie, ein ranghoher militärischer Berater der Terroristen, eine große Nummer in der Hierarchie, verantwortlich für zahlreiche Angriffe auf afghanische Sicherheitskräfte. Ein „Big Shot" sei Thomas K. gewesen. Die Medien, sie hatten keine Ahnung, über wen sie schrieben. Aber es las sich gut, es hörte sich gut an. Mit der Realität hatte es nichts zu tun.

Herbst 2018, Oberlandesgericht Düsseldorf, Prozess gegen Thomas K. Die Bundesanwaltschaft wirft ihm vor, Mitglied einer terroristischen Vereinigung gewesen zu sein. Falsch, eine tatsachenverzerrende Anschuldigung, sagt er am ersten Verhandlungstag. Als guter Moslem sei es seine Pflicht gewesen, den „kleinen Dschihad" zu führen, den kleinen heiligen Krieg. Töten wollte er niemanden. Der Dschihad als große Glaubensprüfung muss für Thomas K. die reinste Enttäuschung gewesen sein.

Der Prozess war skurril, Thomas K. im Jogginganzug, meist unterwürfig, manchmal besserwisserisch, mitunter wirr in seinen Aussagen. Der Richter mit Engelsgeduld. Nur wenn es allzu absurd wurde, ging er dazwischen. Ansonsten ließ er den Angeklagten reden. „Die Taliban ließen mich nicht gegen die Ungläubigen kämpfen. Sie hielten mich für zu schwach", berichtete Thomas K. Schlimmer noch: Er taugte ihnen nicht einmal als Selbstmordattentäter, weil er kein Auto fahren konnte.

Thomas K. kam mit sieben Jahren als Aussiedlerkind aus Polen nach Deutschland. In der Schule überfordert, suchte er den Sinn des Lebens, erzählte er dem Richter. Mit 17 Jahren konvertierte er vom katholischen zum muslimischen Glauben. Als rein und unverfälscht empfand er seine neue Religion. Tief berührt, ging es ihm fortan besser. Kein Alkohol, keine Disco, lieber religiöse Bücher. Er geriet in islamistische Kreise, ein „Freund" nahm ihn mit in eine Moschee nach Ludwigshafen, er pilgerte nach Ägypten und Saudi-Arabien. Erwerbsarbeit war nichts für ihn, er sah keinen Sinn darin. Er wollte zur Bundeswehr, doch sie musterte ihn aus. Das traf ihn, gesteht er dem Richter. „Ich hatte gehofft, beim Militär ein Mann werden zu können."

Kombinierte Persönlichkeitsstörung, unterdurchschnittliche Intelligenz und erhebliche Konzentrationsschwächen ergaben zwei vom Gericht beauftragte Gutachten über Thomas K. Verhandlungsfähig sei er trotzdem. Im August 2012 verschwand Thomas K. aus seiner Heimatstadt Worms, die Familie wusste von nichts. Seit 14 Jahren habe er sich gewünscht, den „islamischen Wehrdienst" zu leisten, wird er später in einem Telefonat aus Afghanistan zu seiner Mutter sagen. Wenn er mit „den Gottlosen" zusammen sei, zerreiße es ihm das Herz. Gottlose, das waren für ihn auch seine Mutter und seine Geschwister. Er flog von Frankfurt nach Karatschi, unbehelligt von der Polizei, obwohl sie ihn seit Jahren beobachtet hatte. Immer wieder waren Islamisten aus Deutschland ins afghanisch-pakistanische

Grenzgebiet gereist, die dortigen Terrorlager waren der Sehnsuchtsort aller vom Dschihad träumenden radikalen Muslime aus Europa.

Thomas K. wollte nicht zu al-Qaida, er wollte zu den Taliban. „Sie lebten noch den reinen Islam ohne fremde Einflüsse und Folklore." Der „reine Islam", dazu gehörte für ihn die Ablehnung von Selbstmordattentaten. Ankunft in Karatschi, der 15-Millionen-Metropole am Indischen Ozean. Hunderttausende afghanische Flüchtlinge, Masjid-e-Tooba, die größte Moschee der Stadt, Vermittlungsstelle für Islamisten, Thomas K. steuerte sie an. „Ich dachte mir, ich suche jemanden, der mir weiterhelfen kann." Er traf einen Mann namens Abdul, ein paar Tage und Gespräche später saß er in einem Auto nach Miran Schah im Grenzgebiet zu Afghanistan. Jetzt sollte es losgehen, das Training für den Kampf gegen die Amerikaner, hoffte Thomas K. Ein Gästehaus, kostenloses Essen, ein bisschen Geld, Training mit der Kalaschnikow. Großzügig, diese Taliban, er konnte sich nicht beschweren. Doch welche Enttäuschung, auch hier hielt man ihn für untauglich. Die Taliban hätten ihm erklärt, er sei körperlich und mental zu schwach für den Kampf, berichtete er.

Sie gaben ihn an das Haqqani-Netzwerk weiter, eine für unzählige Selbstmordanschläge in Afghanistan verantwortliche Terrorgruppe mit einem Konglomerat aus Firmen in ihrem Besitz, die Drogen und Bodenschätze nach Pakistan schmuggeln und Geld waschen. Ihr Gründer war Minister des Taliban-Regimes, der Anschlag auf das deutsche Konsulat in Mazār-i Scharif 2016 geht auf das Konto von Haqqani. Die Haqqani-Leute fragten ihn, ob er sich auf eine Liste freiwilliger Selbstmordattentäter setzen lassen wolle. Thomas K. sagte ja, „als Zeichen seines guten Willens" gegenüber seinen Gastgebern. Aber sich wirklich in die Luft sprengen, nein, das habe er nicht vorgehabt, sagte er. Selbstmordanschläge seien der falsche Weg, mit dem wahren Islam hätten sie nichts zu tun.

Was hat er dann bei Haqqani gemacht? Er habe islamische Literatur studiert, in der Küche geholfen und Holz gehackt, berichtete er. Die Bundesanwaltschaft glaubte ihm nicht. „Die Taliban sind doch kein Sanatorium für psychisch labile Faulpelze", sagte die Staatsanwältin in ihrem Plädoyer. In einem Telefonat, das die deutschen Behörden abhörten, sagte er zu seiner Mutter: „Ich fühle eine wahre Glücksseligkeit und Freiheit in meiner Seele. Ich habe endlich gefunden, wonach ich gesucht habe." Glücksseligkeit und Freiheit während seiner Zeit bei der Selbstmörder-Abteilung der Taliban? Wie geht das, wenn man Selbstmorde eigentlich ablehnt? Vielleicht, weil Thomas K. auch zum Selbstmörder nicht taugte. Er konnte nicht Auto fahren und scheiterte, als es ihm die Taliban beibringen wollten. Aus dem Plan, ein Auto voller Sprengstoff in einem amerikanischen Konvoi zu steuern, wurde nichts. Nein, nicht er selbst habe fahren wollen, sondern das Auto sollte den Konvoi ferngesteuert attackieren, erklärte er dem Richter. Aber die Tötung amerikanischer Soldaten sei legitim, die Amerikaner seien schließlich Besatzer. Die Tötung afghanischer Soldaten aber, nein, die sei unislamisch, nicht mit ihm.

Warum beteiligte er sich dann an einem Überfall auf einen Stützpunkt der afghanischen Armee? Warum feuerte er eine Mörsergranate auf afghanische Soldaten? Er habe doch nur den Angriff filmen wollen, für ein Video, erklärte er. Er habe niemanden töten wollen. Auch das glaubte ihm die Bundesanwaltschaft nicht. „Die Taliban sind eine Terrororganisation und keine Reiseagentur für abenteuerlustige Mitteleuropäer", sagte die Staatsanwältin. Doch die Bundesanwaltschaft konnte nicht beweisen, dass Thomas K. bei dem Mörser-Angriff jemanden getötet hat. Den Vorwurf des gemeinschaftlichen Mordversuchs musste sie daher fallen lassen.

Die Terror-Karriere von Thomas K., dem „deutschen Taliban", gleicht einer Odyssee, ähnlich wie der gesamte westliche Einsatz am Hindukusch. Es ging hin und her, ohne klares Ziel, bald wusste er nicht mehr, was er dort eigentlich wollte. Haqqani, die Selbstmörder-Fraktion der Taliban, duldete ihn nicht mehr länger und schickte ihn über die Grenze nach Afghanistan, sollte er doch dort sein Dschihad-Glück finden. Jahr für Jahr verging, im Prozess war unklar, was er in der Zeit alles getan hat, schließlich landete er in Helmand, Südafghanistan, Vorbeter für einen der Kampfverbände der Taliban. Thomas K. wollte den „Heiligen Krieg" und endete damit, den Taliban die Koranverse vorzusagen. Er war gescheitert, die große Prüfung, sein „islamischer Wehrdienst", der Kampfeinsatz gegen die Ungläubigen, fand nicht statt.

Kurz vor Schluss dann doch noch eine gute Wendung: Er sollte die Tochter eines Taliban heiraten, 5.000 Dollar Mitgift inklusive. Dann kamen die Amerikaner, nahmen ihn mit, verhörten ihn auf ihrem Stützpunkt in Bagram, unter Folter, wie sein Anwalt sagte. „Verbotene Vernehmungsmethoden", so nannte er das. Isolationshaft. Thomas K. sagte, sie hätten ihn in einer engen Zelle ohne Licht untergebracht. Was die Amerikaner von ihm wissen wollten, ob er Verstecke und Namen von Ta-

Mazār-i Scharif,
Transporthubschrauber der afghanischen Nationalarmee

liban verraten hat, das wurde während der Verhandlung nicht thematisiert. Das Oberlandesgericht verurteilte ihn zu sechs Jahren Haft wegen Mitgliedschaft in einer terroristischen Vereinigung und Verstoßes gegen das Waffengesetz. So endete der „Heilige Krieg“ des Thomas K. aus Worms, seine persönliche Mission in Afghanistan. Gescheitert auf ganzer Linie.

ZWISCHENFAZIT

2018

An der Nase herumgeführt

***Kundus,** deutsche Soldaten an Bord eines Transporthubschraubers CH-53*

Sie haben gelogen, dass sich die Balken bogen, von Anfang an, ohne Unterlass, George W. Bush, Barack Obama und Donald Trump, drei Präsidenten, drei US-Oberkommandierende im Afghanistan-Krieg. Von der Wahrheit, vom ganzen Desaster am Hindukusch haben sie nichts wissen wollen. Fortschritte an der Front, die Taliban auf dem Rückzug, fast schon geschlagen, die afghanische Armee, die Polizei, wirklich nicht mehr lange, dann hätten sie die Lage unter Kontrolle, so lautete das Narrativ aus dem Weißen Haus. Die Öffentlichkeit in Amerika, in Europa, in Deutschland, wurde an der Nase herumgeführt. Wer das nicht vorher schon gewusst oder zumindest geahnt hat, der hatte es spätestens 2018 schwarz auf weiß, in den „Afghan Papers", sie lagen im Giftschrank der US-Regierung, die „Washington Post" erstritt deren Herausgabe. Mehr als 2.000 Seiten, beschrieben mit Interviews. Ranghohe Soldaten, Diplomaten und Entwicklungshelfer hatten ausgepackt, und zwar richtig. Was sie sagten, ist die Wahrheit, was die Regierung damit machte, ein Skandal. Sie ließ die Ergebnisse verschwinden.

Der Grundtenor der Analysen waren bekannte Dinge, doch weil es meist Journalisten waren, die bis dahin darüber berichtet hatten, erzielten sie nur geringe politische Wirkung, auch in Deutschland. Nun waren die Analysen amtlich erhoben und die Konsequenz hätte nur eine sein können: sofortiger Rückzug. Reflexhaft war er, der Einmarsch der USA und ihrer Verbündeten 2001 in Afghanistan. So stand es in dem Bericht. Das Primärziel war al-Qaida, Osama bin Laden, die Taliban waren nur Nebenziel, sie wurden quasi beiläufig zum direkten Kriegsgegner. Der Westen wollte mit ihnen nichts zu tun haben, zur Petersberg-Konferenz waren sie nicht eingeladen, es sollte eine Nachkriegsordnung nur ohne die Taliban geben. Dann waren sie plötzlich zurück.

Immer wieder hatten die Amerikaner bekräftigt, sie wollten in Afghanistan nur Terroristen jagen, Staatsaufbau sollten andere betreiben. Genau den betrieben sie dann doch und gaben 133 Milliarden Dollar für Wiederaufbau, Hilfsprogramme und afghanische Sicherheitskräfte aus. Der Erfolg war gleich Null. Bush, Obama, Trump und ihre westlichen Verbündeten versuchten in Afghanistan eine demokratische, zentralistische Regierung aufzubauen. Sie scheiterten grandios, wollten das aber nicht verstehen und nicht zugeben. Immer neue Ziele, Kampf gegen Terroristen, Aufbau von Demokratie, Frauenrechte, Bildung, Kampf gegen Drogen, es wurde immer verworrener, immer mehr Beteiligte mit teilweise gegensätzlichen Zielen, die einen sprachen von Frauen- und Menschenrechten, die anderen machten gemeinsame Sache mit den Warlords, die keinen Pfifferling auf Frauen- und Menschenrechte gaben. Nicht nur die Amerikaner haben das getan, auch die Deutschen, die Bundesregierung, die Bundeswehr, die zivilen Hilfsorganisationen. Sie verschwiegen Wahrheiten, redeten Entwicklungen schön. Sie betrieben eine kopflose Kriegführung mit viel zu vielen Opfern, einer systematischen Desinformationspolitik und permanenten Lügen.

So steht es in den „Afghan Papers". Donald Trump dürfte sie gekannt haben, er wollte derjenige sein, der die Truppen heimholt, der den Taliban einen Vertrag aufdrückt, einen Friedensvertrag, einen „Deal", einen sehr einseitigen Deal, einen amerikanischen Deal. Darin hatte Trump Übung. America first, bloß weg, egal, wie die europäischen Verbündeten das sehen, egal, welche Folgen es für die afghanische Regierung und das ganze Land haben würde. Die Taliban, das kam schließlich bei den Verhandlungen in Doha heraus, versprachen, dem Terrorismus abzuschwören und Terrorgruppen wie al-Qaida keinen Unterschlupf mehr zu gewähren. Diese Floskeln genügten den Amerikanern, um ihrerseits den Abzug aller Truppen bis Mai 2021 zuzusichern. Noch während sie in Doha den US-Diplomaten gegenübersaßen, sprengten die Taliban Fahrzeuge der afghanischen Armee in die Luft, töteten Polizisten. Reden und schießen, so gingen sie vor.

Die Bewohner Afghanistans waren den Krieg leid. Der Westen hatte der jungen Generation Hoffnung gebracht, doch Hoffnung mag das Herz füllen, jedoch nicht den Magen. Mehr als die Hälfte der Afghanen lebt trotz der gigantischen Hilfsgelder aus dem Westen von weniger als einem Dollar am Tag. Mehr als 40 Prozent der Bevölkerung hungern, zeigte ein gemeinsamer Bericht von Weltbank, EU und afghanischer Regierung auf. Gut zwei Millionen Menschen flüchteten im Laufe der Jahre aus ihren Heimatorten, der Krieg hatte sie zu Vertriebenen gemacht. Wer die „Afghan Papers" liest, der weiß, dass dieses vom Westen geschaffene und am Leben gehaltene Kunstgebilde in dem Moment zusammenbrechen wird, in dem die Regierung in Kabul auf sich gestellt ist.

Mazār-i Scharif,
sowjetischer Panzer-schrott im Stützpunkt der afghanischen

2019

Der Feind in seinem Kopf

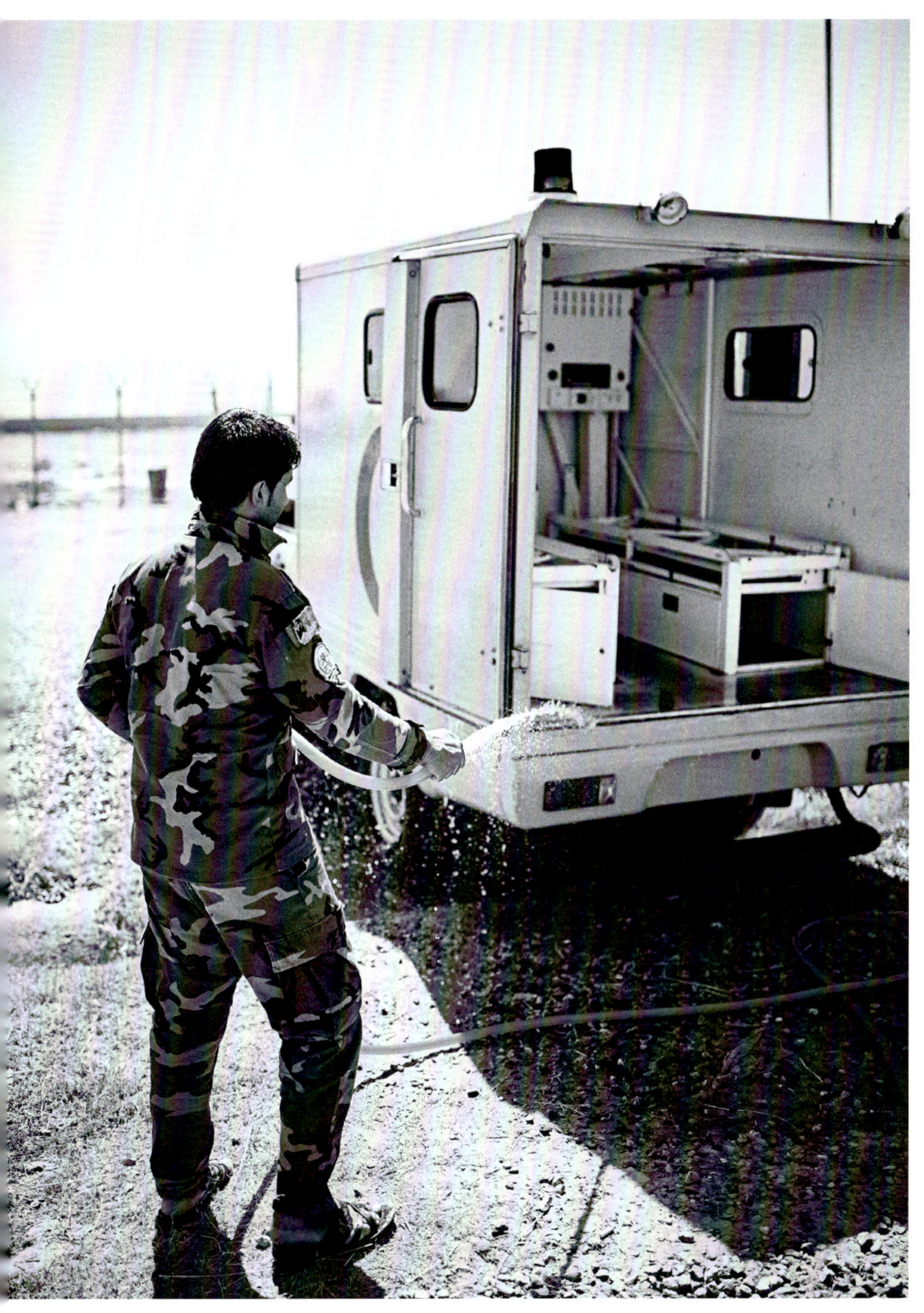

Kundus, *afghanischer Soldat bei der Reinigung eines Rettungswagens*

Alexander P. kann keinen Stress vertragen. Winter, ein Samstag in einer Kleinstadt im Harz, er sitzt auf gepackten Koffern, im Nachbarzimmer schreit sein Sohn, die Frau versucht, ihn zu beruhigen. Nach dem Wochenende muss Alexander P. ins Militärkrankenhaus nach Berlin, Psychotraumazentrum der Bundeswehr, nicht zum ersten Mal, nicht zum letzten Mal. Er ist traumatisiert, Folge seines Afghanistaneinsatzes 2010, er hat viel erlebt. Schreckliche Bilder im Kopf, getötete afghanische Soldaten in einem Auto, zerfetzt von der 20-Millimeter-Kanone eines „Marder", ein Versehen, die Besatzung des Schützenpanzers hatte angenommen, es seien Taliban. „Faustgroße Löcher im Blech und Hackfleisch im Inneren, so sah das Fahrzeug aus." Alexander P. war Militärpolizist, er musste den Vorfall untersuchen. Ein paar Tage später starben vier deutsche Soldaten. Trauer, Stress und die Angst, der nächste zu sein, prägten seinen Einsatz. Er brauche das Lager nicht zu verlassen, hatten ihm seine Vorgesetzten vor dem Einsatz versprochen, er war das erste Mal in Afghanistan. „Das war eine infame Lüge", sagt er.

130 Tage war er im Krieg, 130 Tage, die ihn kaputt gemacht haben. Als er zurückkehrte, ging der Krieg weiter, vor seinem inneren Auge ein Film, eine Dauerschleife, eine Rakete der Taliban fliegt auf ihn zu, ein roter Schweif dahinter. Angstzustände, Schlaflosigkeit, Gereiztheit, Verfolgungswahn, die typischen Symptome einer Posttraumatischen Belastungsstörung. Irgendetwas stimmte nicht mit ihm, das fühlte er, doch was es war, das wusste er nicht. Er verletzte sich absichtlich selbst und wollte damit seine heftigen Stimmungsschwankungen und die starke innere Anspannung lindern. Ein Borderline-Syndrom begann, als er sich zu Hause mit dem Hammer die Hand zertrümmerte, danach war er arbeitsunfähig.

Er musste die anderen Soldaten, seine Kameraden, nicht sehen, er musste keine Angst haben, dass sie seinen psychischen Zustand erkennen, dass sie ihn stigmatisieren, sich über ihn lustig machen. Er hatte immer gedacht, eine psychische Erkrankung sei etwas für Weicheier. Und er hatte gedacht, die anderen Soldaten dächten ebenso. Er verkroch sich zu Hause, seine Freundin bemerkte, dass er sich verändert hatte. Er schaute durch sie hindurch, wenn er mit ihr sprach, bekam unkontrollierte Wutausbrüche und Zitteranfälle wie bei einem Parkinsonkranken. „Du musst zum Arzt", sagte sie. Er ging zu einem Militärpsychologen. „Er stellte mir nur ein paar Fragen, woraufhin ich heulte wie ein Kind", berichtet Alexander P. Dem ersten Aufenthalt in der psychiatrischen Abteilung folgten viele weitere, mit ihnen kamen Albträume, Zusammenbrüche, Vergesslichkeit, abgrundtiefe Verzweiflung, die Zerstörung seines Körpers. Fett und aufgeschwemmt, so beschreibt er sich selbst, Folge der Psychopharmaka, die er seit siebeneinhalb Jahren einnimmt. Sein Körper ist ein Narbenfeld, er ritzt sich mit dem Messer in Arme, Beine und Bauch. „Ich habe überall Narben, mein Leben ist für den Arsch", sagt Alexander P. „Aber ich versuche zu überleben, ich habe Frau und Kind."

Es gibt viele Fälle wie seinen, wie viele genau, weiß die Bundeswehr nicht. 300.000 Soldaten hat sie seit 1991 in Auslandseinsätze geschickt, etwa ein Viertel von ihnen könnten „potenziell traumatisierende" Erlebnisse gehabt haben, heißt es in einer Dunkelzifferstudie der Technischen Universität Dresden. Der Krieg in Afghanistan hat viele Soldaten psychisch kaputt gemacht, die psychosomatischen Abteilungen in den fünf Kliniken der Bundeswehr sind seit Jahren gefüllt.

Eva-Maria Götz wünscht, es hätte auch für ihren Sohn rechtzeitig Hilfe gegeben. Doch Wolf Götz wäre zu stolz gewesen, sich wegen psychischer Probleme an irgendwen zu wenden. Er diente zwei Jahre nach Alexander P. in Kundus, ein durchtrainierter, gutaussehender Mann Ende zwanzig. Ihr ganzes Leben hat Eva-Maria Götz als Sozialpädagogin anderen Menschen geholfen. Ausgerechnet beim eigenen Sohn konnte sie nichts ausrichten. Sie zeigt ein Bild von ihm, Wolf einige Monate nachdem er aus Afghanistan zurück war. „Er sieht aus wie ein alter Mann." Was hat ihn in Afghanistan so verändert? Sie weiß es nicht. Wen sie auch fragt bei der Bundeswehr, überall nur Schweigen, und das sei für sie fast so schlimm wie das, was am 8. September 2013 geschehen ist. Ein Anruf aus Plön, von der Bundeswehr, Wolf war nicht zum Dienst gekommen, psychische Probleme. Er hatte seiner Mutter davon erzählt, sie befiel eine schreckliche Ahnung. Die Polizei brach die Tür seiner Wohnung auf, er hing an einem Balken, ein Seil um den Hals. Wolf Götz war tot.

Die Bundeswehr führt Statistik über traumatisierte Soldaten, die Selbstmord begangen haben. Es sind genau fünf in den zurückliegenden zehn Jahren. Wolf Götz taucht in dieser Statistik nicht auf. Der Bundeswehr war seine Traumatisierung nicht bekannt. Wie viele frühere Soldaten sich umgebracht haben, weil sie mit ihren Erlebnissen nicht zurechtgekommen sind, weiß die Bundeswehr nicht. Wer aus dem Dienst geschieden ist, über den weiß sie meist nichts mehr. Der Tod von Wolf hat die Familie Götz zerstört, Mutter und beide Schwestern sind in Therapie. Die Familien, Partner, Kinder, Eltern, sie sind der Kollateralschaden des Krieges im Kopf der Heimkehrer.

Drei Jahre, so lange dauert es üblicherweise, bis eine Posttraumatische Belastungsstörung ausbricht. In den USA melden sich heute noch Männer mit psychischen Erkrankungen bei den Veteranenämtern, Männer, die über 60 Jahre alt sind. Sie berichten den Psychologen von traumatischen Ereignissen, die 50 Jahre zurückliegen. Es sind die Ereignisse eines westlichen Krieges, der ein ähnliches Desaster war wie der Krieg in Afghanistan. Es war der Krieg in Vietnam.

Kundus, *verwundete afghanische Soldaten im Lazarett*

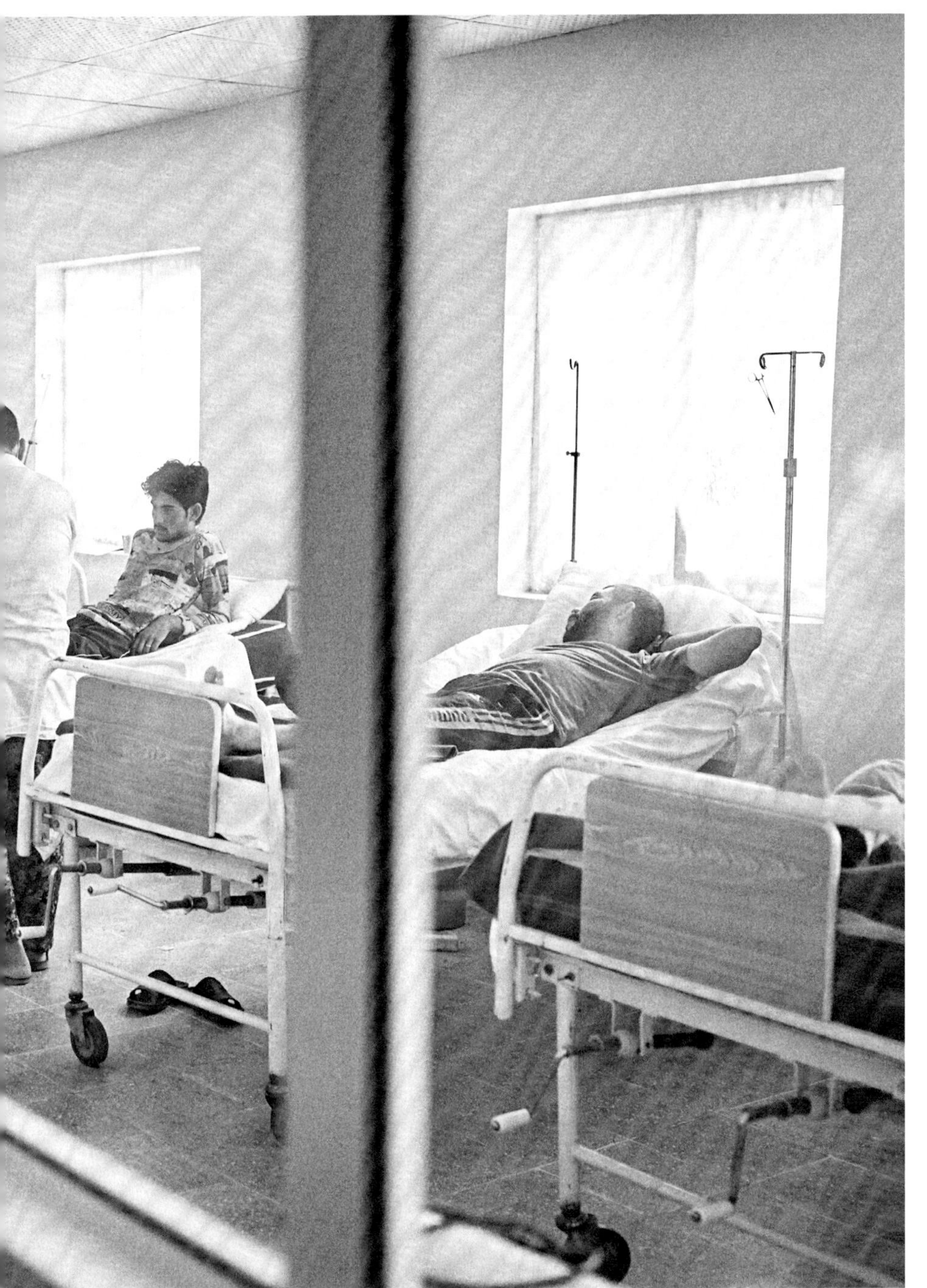

EPILOG

Zwei Menschen fallen vom Himmel, zwei kaum sichtbare Punkte, dahinter das Blau. Sie stürzen herab, hunderte Meter tief. Dieses Bild zweier Menschen, die sich aus Angst und Verzweiflung an ein startendes Flugzeug der U.S. Air Force geklammert haben und in den Tod stürzen, wurde zum Symbol eines gescheiterten Krieges. Ein traumatisches Bild, das die Vereinigten Staaten und der ganze Westen mit ihnen hatten verhindern wollen.

Kriege werden mit Waffen geführt, doch mit Bildern entschieden. Der Krieg in Afghanistan hatte mit den Bildern von New York begonnen, mit dem Einschlag des zweiten Flugzeugs in die Twin Tower, die Kameras der Weltpresse live dabei. Und er endete mit den Bildern vom Chaos am Kabuler Flughafen im August 2021. Erneut war die Welt live dabei, diesmal über die Smart-Phone-Aufnahmen der Afghanen, die auf einen Flug in die Freiheit hofften. Bildsequenzen, die bis heute in unseren Köpfen mit dem 11. September 2001 verbunden sind, tausendfach wiederholt, ins Gedächtnis eingebrannt. Bildsequenzen, die noch auf Jahre hin mit dem Ende des westlichen Krieges in Afghanistan verbunden sein werden. New York, Bilder der Verwundbarkeit einer Weltmacht, ihrer Wehr- und Hilflosigkeit. Kabul, Bilder eines Desasters, einer nicht für möglich gehaltenen Niederlage, gipfelnd im chaotischen Rückzug westlicher Staatsbürger und afghanischer Helfer.

New York und Kabul sind beides Impressionen von apokalyptischem Format wie 1975 die Bilder von den Hubschraubern auf dem Dach der US-Botschaft in Saigon. Das Foto vom Rückzug des amerikanischen Botschaftspersonals ging um die Welt, es symbolisierte Aufgabe und Schwäche. Diesmal wollten die Amerikaner andere Bilder vom Rückzug, Bilder, die sie als Herren der Lage zeigen. Barack Obama und Donald Trump ließen mit den Taliban verhandeln, um nicht noch einmal Saigon-Bilder zu produzieren. Doch statt einen kontrollierten, gesichtswahrenden Abzug dokumentieren die Bilder vom chaotischen Rückzug aus Kabul das Scheitern eines beispiellosen westlichen Projekts gesellschaftlichen Umbaus.

Was nützt es da den Vereinigten Staaten, dass es neben ihnen kein Land gibt, in dem mehr sicherheitspolitische Think tanks existieren, Denkfabriken, in denen geostrategische, sicherheitspolitische und militärische Studien und Analysen wie am Fließband produziert werden? Seit 1945 sind die amerikanischen Ergebnisse auf den Kriegsschauplätzen der Welt zumeist ernüchternd. Die Teilung Koreas in den 1950er Jahren haben die USA trotz massiven Truppen- und Materialeinsatzes nicht verhindern können, Vietnam (1965 – 1975) war eine militärische und moralische Katastrophe, die zweite Irak-Invasion (2003) basierte auf unverholenen Lügen und Afghanistan mündete im Desaster.

Was vom Krieg des Westens am Hindukusch bleibt, ist vielleicht ein Satz, der ausdrücken dürfte, was die meisten Afghanen empfinden, geäußert von einem Arzt aus Kabul einige Wochen nach der erneuten Machtübernahme der Taliban: „40 Jahre Krieg sind vorbei. 20 Jahre westliche Besatzung sind vorbei. Das Sterben ist vorbei. Wir atmen auf."

Kundus, *Ford Ranger der afghanischen Polizei, an Bord der Gouverneur der Provinz*

NAMENSREGISTER

20 Jahre Afghanistan, unzählige Geschichten, ungezählte Schicksale. Jeden meiner Protagonisten hat der Krieg in diesem Land geprägt und nie mehr losgelassen. Was machen sie heute, im Jahre 2022? Ich habe versucht, sie zu erreichen, habe telefoniert und recherchiert. Nicht zu jedem habe ich Informationen bekommen, vor allem in Afghanistan verliefen meine Kontakte teilweise im Sand, Nummern waren nicht mehr gültig, E-Mail-Adressen unerreichbar. In Anbetracht der heutigen Lage in dem Land kann das nicht verwundern.

A

Abdul Rashid Dostum lebt mit seiner Familie, darunter auch sein Sohn Batur, in Ankara. Er floh am 13. August 2021 mit einem Hubschrauber der afghanischen Armee vor den Taliban von Mazăr-i Scharif über Taschkent in die Türkei. Afghanische Quellen schätzen sein während der westlichen Besatzung erworbenes Vermögen auf 500 Millionen Dollar.

Assadullah Omarkhel, 2016 der Gouverneur von Kundus, ist mit Teilen seiner Familie in den Iran geflüchtet. Zwei seiner Söhne leben noch immer in Kabul.

Aschraf Ghani, früherer Präsident Afghanistans, hat am 14. August 2021 Kabul kampflos den Taliban übergeben und sorgte dafür, dass in der Stadt nicht gekämpft wurde. Er flüchtete mit einem Hubschrauber der afghanischen Armee nach Tadschikistan, flog von dort nach Usbekistan und weiter nach Dubai, wo er heute lebt.

B

Benny, der Scharfschütze des Grenadierbataillons aus Viereck in Mecklenburg-Vorpommern, der anders heißt, hat nach dem Einsatz in Afghanistan die Bundeswehr verlassen und bei Sicherheitsfirmen im Ausland gearbeitet. Danach verliert sich seine Spur.

D

Diana Afzali, die junge Geologin, ich hätte gern gewusst, was aus ihr geworden ist. Sie hat einen Facebook-Account, über den ich sie kontaktiert habe. Es gibt dort zwei Fotos von ihr, eines zeigt sie, wie sie sich mit der Hand durchs Haar fährt, das Gesicht ist nicht zu sehen. Das andere zeigt ihre Hände, die ein Herz formen. Sie hat sich auf meine Nachricht nicht gemeldet.

Dominik Berger, der Fliegerleitoffizier, der an der Offensive in Chahar Darreh 2010 teilgenommen hat und anders heißt, wurde während seines Afghanistan-Einsatzes schwer verwundet. Er ist Berufssoldat.

E

Enayat Mudaris, der regierungskritische Fernsehmoderator aus Kabul, lebt heute mit seiner Familie in Paris und arbeitet als freier Journalist mit dem Themenschwerpunkt Afghanistan.

G

Georg Klein ist inzwischen Generalmajor der Bundeswehr und Abteilungsleiter Einsatz im Kommando Streitkräftebasis in Bonn.

H

Hamid Karsai, der erste Präsident nach der Vertreibung der Taliban, hat vermittelnd geholfen, im August 2021 eine gewaltlose Übernahme der Hauptstadt Kabul durch die Taliban zu ermöglichen. Er lebt heute in Kabul.

Heidi Missulia lebt nach dem Tod ihres Mannes Georg auf dem „OP North" in einer neuen Beziehung, aus der ein Sohn hervorgegangen ist. Ihr Wohnort befindet sich nach wie vor im Bayerischen Wald.

J

Jared Sembritzki ist heute Chef des Stabes im Hauptquartier der U.S. Army Europe in Wiesbaden.

Jürgen-Joachim von Sandrart ist heute Generalmajor der Bundeswehr und kommandiert das Multinationale Korps Nord-Ost in Stettin.

Jürgen Natter hat die Bundeswehr 2017 verlassen und sich ins Private zurückgezogen. Während seines Einsatzes in Afghanistan 2011 hatte er traumatische Erlebnisse, die ihn bis heute nicht loslassen. Er sagt, er wolle mit dem Militär nichts mehr zu tun haben.

K

Kai Wilhelm, der im Jahr 2011 den Taliban-Schläfer auf dem „OP North" erschoss und anders heißt, ist noch immer Soldat.

M

Maik Mutschke, am Karfreitag 2010 in Isa Khel schwer verwundet, stationiert in Süddeutschland, ist Berufssoldat.

Major Farid, Hubschrauberpilot in Kabul, war zuletzt Kommandeur der Helikopter-Einheiten der afghanischen Armee. Nach der Machtübernahme der Taliban floh er ins Pandschirtal, von wo aus ihm die Flucht in die USA gelang. Er hält Kontakt zur National Resistance Force, der Widerstandsbewegung gegen die Taliban.

Marco Hellgrewe, der 2009 auf sich gestellt durch Nordafghanistan reiste, ist Berufssoldat und nach seinem Einsatz im Jahr 2009 in verschiedenen weiteren Einsätzen der Bundeswehr gewesen.

Markus Kneip übernahm wieder das Regionalkommando Nord in Mazār-i-Sharif, nachdem seine Verletzungen bei der Explosion in Taloqan 2011 auskuriert waren. Nach seiner Rückkehr nach Deutschland im Februar 2012 hatte er mehrere Posten im Verteidigungsministerium in Berlin sowie bei der Nato inne. Seit 30. September 2020 ist Kneip pensioniert.

Martin Jäger (51), der Busfahrer am Tag des Selbstmordanschlags Pfingstsonntag 2003 in Kabul, arbeitet heute als Fahrer für die Bundesregierung in Berlin, nachdem er die Bundeswehr 2016 verlassen hat. Er gilt als austherapiert und leidet unter einer dauerhaften Posttraumatischen Belastungsstörung. Er ist verheiratet und hat drei Kinder.

Matthias Schaller, 2011 als Gebirgsjäger in Baghlan, ist noch immer Soldat und in der Oberpfalz stationiert. Nach Afghanistan war er zwei weitere Male im Auslandseinsatz, jeweils in Mali.

Michael Ebersoldt, bei einem Selbstmordanschlag 2008 schwer verwundet, ist Berufssoldat in Zweibrücken, verheiratet und Vater dreier Kinder. Er laboriert nach wie vor an den Folgen seiner schweren Verwundung.

Mohammed Atta Noor, der frühere Gouverneur von Mazār-i Scharif und tadschikische Warlord, hat sich vor den Taliban in die Vereinigten Arabischen Emirate abgesetzt. Nach Angaben afghanischer Quellen soll er über Immobilien in der Türkei, im Iran und in den Emiraten verfügen. Sein angebliches Vermögen wird auf zwei Milliarden Dollar geschätzt.

Mohebullah Stanekzai, Social-Media-Redakteur im afghanischen Außenministerium, hat rechtzeitig vor der Machtübernahme der Taliban das Land verlassen. Mehr Informationen über sein Schicksal waren nicht zu bekommen.

Murat Ali, stellvertretender Generalstabschef, der die Verbände der afghanischen Armee 2016 in Kundus gegen die Taliban geführt hat, ist nach Australien geflüchtet und lebt dort im Exil.

N

Naef Adebar ist Berufssoldat an der Sportschule der Bundeswehr in Warendorf. Er hat sich zum Truppenpsychologiefeldwebel ausbilden lassen und geht wieder in Auslandseinsätze.

Nawab Amadzai arbeitete bis drei Wochen vor der Machtübernahme der Taliban als Militärstaatsanwalt in Kabul, kam dann nach Deutschland, um Urlaub zu machen. Er erlebte die Einnahme des Landes durch die Taliban am Fernseher in Bayern. Sein Mercedes G300 ist in Kabul geblieben.

P

Parwiz Kawa, Chefredakteur der Tageszeitung „8sub" aus Kabul, ist in die USA geflüchtet und arbeitet dort für eine afghanische Nachrichten-Website.

Peter Hämmerle, Führer des Bundeswehr-Konvois zum Flughafen am Pfingstsamstag 2003 in Kabul, leidet bis heute unter einer schweren Posttraumatischen Belastungsstörung. „Schlafen ist ein Wunsch, durchschlafen geht überhaupt nicht. In meinen Albträumen sehe ich Kameraden ohne Kopf auf der Straße liegen, überall ist Blut. Jede Nacht schrecke ich hoch. Ohne meine Tabletten wäre ich aufgeschmissen, sie sind meine Glücksbringer." So beschreibt er sich. Hämmerle ist seit dem Anschlag in Kabul (2003) arbeitsunfähig und streitet bis heute mit der Bundeswehr um die volle Anerkennung seiner Einsatzschäden.

R

Rouven Beinecke, der 2010 als Söldner in Kundus arbeitete und bei einem Überfall eines Taliban-Kommandos starb, wurde auf dem Waldfriedhof in Kropp (Schleswig-Holstein) begraben. Sein Vater Rolf Beinecke hatte erwogen, wegen unterlassener Hilfeleistung gegen die Bundeswehr vorzugehen, dies aber auf juristischen Rat hin verworfen.

T

Thomas Paternoster, verwundet beim Angriff eines Taliban-Schläfers auf dem „OP North" 2011, ist Berufssoldat, aufgrund der Folgen seiner Verletzungen aber nur noch zu eingeschränktem Dienst fähig.

Toni Kirchmair, im Jahr 2010 als Polizei-Ausbilder in Faizabad, ist heute Polizeihauptkommissar in Nordrhein-Westfalen. Nach seinem Einsatz war er weitere Male im Ausland, unter anderem in den UN-Friedensmissionen im Südsudan und in Darfur. Er wird Ende 2022 pensioniert.

Mazār-i Scharif,
Maschinengewehr-schütze im Heck eines startenden Helikopters

Mazār-i Scharif,
Start eines deutschen Hubschraubers, der Militärausbilder nach Kundus fliegt

GLOSSAR

A

Aschraf Ghani – von 2014 bis 2021 Präsident Afghanistans, lebt seitdem in den Vereinigten Arabischen Emiraten im Exil. Bevor er im Dezember 2001 nach 24 Jahren im Ausland nach Afghanistan zurückkehrte, hatte er unter anderem für die Weltbank gearbeitet.

ALP – Afghan Local Police (deutsch: Lokale Afghanische Polizei) war eine paramilitärische Hilfspolizeitruppe, ab August 2010 mit materieller und finanzieller Unterstützung des Westens von Dorfgemeinschaften gebildet, um sich gegen die Taliban verteidigen zu können.

ANA – Afghanische Nationalarmee, gegründet im April 2002 als Berufsarmee, im Jahr 2019 soll ihre Stärke 180.000 Soldaten betragen haben, was aber nicht seriös nachprüfbar ist. Die Zahl ihrer Verluste ist nicht bezifferbar, da es keine zuverlässigen Aufzeichnungen dazu gibt. Das schwedische „Uppsala Conflict Data Program" gibt sie mit 70.000 an, wobei darin allerdings die Zahl getöteter Polizisten enthalten ist. Mit der Machtübernahme der Taliban im August 2021 löste sich die ANA auf, ihre Waffen fielen den Taliban in die Hände.

B

Baghlan – Provinz in Nordafghanistan mit ca. einer Million Einwohner. Die Bundeswehr war dort zwischen Sommer 2010 und Sommer 2013 mit mehreren hundert Soldaten auf dem „OP North" (Observation Point North) präsent.

C

Camp Shaheen – Hauptquartier der afghanischen Armee in Nordafghanistan (209. Korps) in der Nähe von Mazār-i Scharif. Bei einem Taliban-Angriff am 21. April 2017 wurden dort, je nach Quelle, zwischen 140 und 256 Soldaten getötet. Die Taliban hatten sich als Armeeangehörige getarnt und in einer Moschee und einem Speisesaal auf die unbewaffneten Soldaten geschossen.

Chahar Darreh – auch Chara Dara, ist ein Distrikt in der Provinz Kundus, mehrheitlich von Paschtunen bewohnt. Die Bundeswehr stieß dort auf starken Widerstand und führte dort erstmals in ihrer Geschichte Bodengefechte.

D

Dingo – Sogenanntes Allschutz-Transportfahrzeug der Bundeswehr mit V-förmigem Unterboden, gepanzerter Kabine und Fenstern aus Panzerglas. Obwohl „Dingos" vielfach auf Sprengsätze gefhren sind, gab es darin keine toten deutschen Soldaten.

F

Faizabad – Hauptstadt der Provinz Badachschan in Nordostafghanistan, ein an Bodenschätzen reiches Gebiet, zugleich die ärmste Region Afghanistans. Die Bundeswehr betrieb dort zwischen 2004 und 2011 einen Stützpunkt.

H

Hamid Karzai – von 2001 bis 2014 Präsident Afghanistans, zuvor Führer des ca. 500.000 Angehörige zählenden Durrani-Paschtunenstammes der Popalzai im Kampf gegen die Taliban. Sein Bruder Ahmad Wali Karzai galt bis zu seiner Ermordung im Juli 2011 als einer der größten Drogenhändler Afghanistans. Auch andere Familienangehörige Karzais sollen ins Drogengeschäft verstrickt gewesen sein.

HQ – Hauptquartier; das HQ der Nato-Truppen befand sich im Zentrum von Kabul, das der Bundeswehr (Regionalkommando Nord) in Mazãr-i Scharif.

I

IED – Improvised Explosive Device, Improvisierte/Selbstgebaute Sprengeinrichtung, Sprengfalle, häufigste Todesursache bei den ausländischen Truppen und den afghanischen Sicherheitskräften, im Laufe des Krieges zehntausendfach von den Taliban und anderen Gruppierungen eingesetzt.

INS - Insurgents, Nato-Bezeichnung für die Taliban („Aufständische")

ISAF – International Security Assistance Force, Sicherheits- und Wiederaufbau-Mission der Nato zwischen 2001 und 2014, genehmigt vom UN-Sicherheitsrat als friedenserzwingender Einsatz. Zeitweilig beteiligten sich gut 50 Staaten mit gut 150.000 Soldaten daran. Etwa 3.550 ISAF-Soldaten wurden getötet.

K

Kundus – Hauptstadt der gleichnamigen Provinz in Nordostafghanistan, 2019 lebten dort etwa 350.000 Menschen. Fruchtbare, für Afghanistan ungewöhnlich grüne Region, durchzogen vom Kundus-Fluss. Die Bundeswehr war dort von 2003 bis 2013 stationiert, zeitweilig mit mehr als 1.500 Soldaten, danach noch einmal mit einigen Militärberatern zwischen 2016 und November 2020.

M

Marder – 37 Tonnen schwerer Schützenpanzer der Bundeswehr, ausgerüstet mit einer 20-Millimeter-Kanone, in der Hochphase des Kampfeinsatzes in Afghanistan regelmäßig zur Unterstützung der abgesetzten Truppen eingesetzt.

O

OEF – Antiterror-Operation unter Führung der USA, gegründet nach dem 11. September 2001, verteilt unter anderem auf Afghanistan, das Horn von Afrika, die Philippinen und Nord- bis Zentralafrika. Deutschland war zeitweilig mit Spezialkräften des Kommando Spezialkräfte (Afghanistan), mit Schiffen der Marine (Horn von Afrika), mit ABC-Abwehr-Kräften (Kuwait), Sanitätern und Transportflugzeugen beteiligt. Die Zahl der getöteten Soldaten ist nicht zu ermitteln, da die USA zeitweilig ein- und dieselben Verbände und Einheiten in Afghanistan gleichzeitig bei ISAF und bei OEF einsetzten. Die Mission endete am 28. Dezember 2014.

P

Pakol - weiche, runde Kopfbedeckung für Männer, gewöhnlich aus Wolle, wird vor allem von Männern nahezu aller Ethnien getragen

PRT – Provincial Reconstruction Team, Regionales Wiederaufbauteam, ursprünglich von den Amerikanern im Rahmen der Operation „Enduring Freedom“ gebildet, damals nur mit vergleichsweise wenigen Soldaten, unter anderem auch in Kundus, wo es von der Bundeswehr 2003 übernommen wurde. Die PRTs waren keine wirklichen Wiederaufbauteams, sondern Militärstützpunkte, von denen aus die Nato-Truppen in den entsprechenden Gebieten operierten.

R

Resolute Support – Nato-Mission zur Ausbildung, Beratung und Unterstützung (Train, Advise and Assist) der afghanischen Armee und Polizei von Januar 2015 bis 11. September 2021, Nachfolgemission der ISAF. Zeitweilig beteiligten sich 40 Staaten daran, in der Hochzeit (2019) waren etwa 15.000 Soldaten eingesetzt. 33 von ihnen wurden getötet.

RC – Regional Command, Regionalkommando der internationalen Truppen, aufgeteilt nach Zentral, Ost, West, Süd, Südwest, Nord.

RPG-7 – Rocket Propelled Grenade, Panzerfaust, russischer Typ, neben der AK-47 (Kalaschnikow) die Hauptbewaffnung der Taliban, zehntausendfach in Afghanistan verfügbar. Damit bekämpften die Taliban vor allem (gepanzerte) Fahrzeuge ihrer Gegner.

S

Salwar Kamiz – auch Shalwar Kamiz oder Salwar Kameez, besteht aus zwei bis drei Teilen. Salwar ist die Hose, Kamiz ein längeres Hemd, in der Regel ab der Hüfte abwärts geschlitzt. Für Frauen gehört noch die Dupatta zum Ensemble, ein langer, breiter Schal, der über Schulter, um den Hals oder über den Kopf gelegt wird.

T

Taliban – Plural von Talib, Suchender, Schüler, je nach Standpunkt eine islamistische Terrorgruppe oder Freiheitskämpfer, Guerilla, Rebellen, Aufständische, die zwischen 1996 und 2001 schon einmal in Afghanistan herrschten. Während der westlichen Intervention zwischen 2001 und 2021 wurden sie zu einer landesweiten Bewegung gegen die ausländischen Truppen und die afghanische Regierung, gesteuert aus Pakistan, bestehend aus zahllosen Milizgruppen mehrerer Ethnien (vor allem Paschtunen, aber auch Tadschiken, Usbeken), die ihr Personal in Städten und Dörfern rekrutierten. Nach Berechnungen des schwedischen „Uppsala Conflict Data Program" soll die Zahl ihrer Verluste in den 20 Kriegsjahren bis zu 120.000 Taliban betragen haben. Das wären weit mehr Todesopfer als bei den westlichen Streitkräften und afghanischen Sicherheitskräften zusammen.

U

UNODC – United Nations Office on Drugs and Crime, Büro der UN zur Verbrechensbekämpfung, Sitz in Wien, fertigt jährlich einen Bericht über die Drogenproduktion in Afghanistan an. Demnach stammten 85 Prozent des weltweit produzierten Heroins im Jahr 2021 aus Afghanistan.

W

Wolf – Militärjeep auf Basis des G-Modells von Mercedes Benz, kaum bis gar nicht gegen Sprengsätze geschützt. Wurde daher im Laufe des Krieges ausgemustert.

Mazār-i Scharif,
Beobachtungsballon, am Boden verzurrt, im internationalen Militärlager

ZEITTAFEL

Ein Abriss der Geschichte
Afghanistans

1747
Ahmad Schah Durrani wird in Kandahar zum König ausgerufen und kann in kurzer Zeit fast das ganze Gebiet des heutigen Afghanistans unter sich vereinen.

1839-1842
Erster Anglo-Afghanischer Krieg, verheerende Niederlage der Briten

1878-1880
Zweiter Anglo-Afghanischer Krieg, erneute Niederlage der Briten

1893
Demarkation der Ostgrenze (Durand-Linie), die den Lebensraum der östlichen Paschtunenstämme durchschneidet

1919
Dritter Anglo-Afghanischer Krieg, in dessen Folge die Briten die volle Unabhängigkeit Afghanistans anerkennen

1963
Afghanistan wird konstitutionelle Monarchie.

17. Juli 1973
Sturz der Monarchie, Afghanistan wird Republik

27. April 1978
Blutiger Putsch linksgerichteter Offiziere, Nur Muhammad Taraki wird Präsident der Demokratischen Republik Afghanistan.

16. September 1979
Der vorherige Außenminister Hafizullah Amin stürzt Taraki und lässt ihn ermorden.

26. Dezember 1979
Einmarsch sowjetischer Truppen in Afghanistan. Präsident Amin wird durch ein sowjetisches Kommando ermordet und Babrak Karmal neuer Staatspräsident.

1981-1983
Ausweitung des bewaffneten Widerstands gegen die Sowjets auf sämtliche Landesteile. 80 Prozent des Landes unter Kontrolle von Mudschaheddin, Massenfluchten nach Pakistan und Iran.

November 1987
Dr. Mohammed Nadschibullah wird Staatspräsident.

15. Februar 1989
Der letzte sowjetische Soldat verlässt Afghanistan.

16. April 1992
Sturz Nadschibullahs, in den Provinzen etablieren sich unabhängige Lokalregierungen und teilweise funktionierende Verwaltungen. Die „Zentralregie-

rung" kontrolliert nur Teile der Hauptstadt Kabul.

1992-1994
Bürgerkrieg in Kabul und Umgebung, neue Flüchtlingsströme nach Pakistan

September 1996
Taliban erobern drei Viertel des Landes, Einmarsch in Kabul

25. Oktober 1997
Ein Konsortium internationaler Öl- und Gas-Gesellschaften beschließt mit Zustimmung der Taliban den Bau der zwei Milliarden Dollar teuren Pipeline von Turkmenistan nach Pakistan.

28. Juli 2000
Talibanführer Mullah Omar verbietet den Opiumanbau.

12. Oktober 2000
Selbstmordanschlag auf den amerikanischen Zerstörer „USS Cole" in Aden (Jemen). Die USA verdächtigen Osama bin Laden und verstärken den Druck auf die Taliban, um dessen Auslieferung zu erzwingen.

11. September 2001
Terroranschläge auf New York und Washington. Bin Laden und die Taliban geraten endgültig ins Visier der USA.

12. September 2001
Die Nato erklärt den Bündnisfall.

7. Oktober 2001
Beginn des Afghanistankrieges mit US-Luftschlägen auf Stellungen der Taliban

16. November 2001
Der Deutsche Bundestag stimmt der Entsendung von Eliteeinheiten des Kommandos Spezialkräfte der Bundeswehr (KSK) im Rahmen der von den USA geführten Antiterroroperation „Enduring Freedom" zu. Zuvor waren bereits KSK-Soldaten südlich von Kandahar gelandet.

27. November bis 5. Dezember 2001
Petersbergkonferenz in Bonn. Auf der Konferenz sind vier afghanische Gruppen vertreten: die Nordallianz, die Rom-Gruppe (benannt nach dem Exil des ehemaligen afghanischen Königs Mohammed Zahir), die Peschawar-Gruppe (unterstützt die Einbindung gemäßigter Taliban) sowie die von Exilpolitikern geprägte Zypern-Gruppe. Nicht anwesend sind der Präsident der Nordallianz Burhanuddin Rabbani, die Warlords Abdul Raschid Dostum und Ismail Khan sowie offizielle Vertreter der Taliban. Die Teilnehmer verständigen

sich unter westlicher Vermittlung auf die Einsetzung einer Interimsregierung in Kabul unter Führung von Hamid Karzai und den Aufbau eines demokratischen Afghanistan.

20. Dezember 2001
Der Sicherheitsrat der Vereinten Nationen beschließt die Aufstellung der internationalen Sicherheitsunterstützungstruppe für Kabul und Umgebung (ISAF); Entsendung von 5.000 Soldaten

22. Dezember 2001
Der Deutsche Bundestag stimmt der Entsendung deutscher Soldaten im Rahmen der ISAF nach Afghanistan zu. Die ersten 70 von knapp 1.200 Soldaten treffen am 11. Januar 2002 auf dem Flughafen Bagram nördlich von Kabul ein. Hamid Karzai übernimmt offiziell die Macht in Afghanistan.

Januar 2002
Zehntausende Paschtunen fliehen vor der Rache der tadschikischen und usbekischen Bevölkerung aus Nordafghanistan in den Iran und nach Pakistan.

9. Januar 2002
Präsident Hamid Karzai verspricht die Einführung von Marktwirtschaft und Pressefreiheit.

3. April 2002
Deutschland übernimmt die Zuständigkeit für die Ausbildung der afghanischen Polizei.

Juni 2002
Hamid Karzai wird von der Großen Ratsversammlung (Loya Dschirga) als Präsident der afghanischen Übergangsregierung bestätigt. Warlords, die Kriegsverbrechen begangen haben, bekommen wichtige Posten in der Regierung.

28. September 2002
Afghanistans Präsident Hamid Karzai verbietet den Opiumanbau.

29. Dezember 2002
Bis zum Jahresende sind zwei Millionen afghanische Bürgerkriegsflüchtlinge überwiegend aus Pakistan und Iran in ihre Heimat zurückgekehrt.

Februar 2003
Die Taliban kehren zurück und rufen offen zum „Heiligen Krieg“ gegen die Regierung von Hamid Karzai und die „ausländischen Besatzer“ auf.

3. Februar 2003
Die Vereinten Nationen erklären Afghanistan zum weltgrößten Opiumproduzenten.

10. Februar 2003
Die Niederlande und Deutschland übernehmen das ISAF-Kommando.

11. August 2003
Die Nato übernimmt das ISAF-Kommando.

4. Januar 2004
Afghanistan bekommt eine neue Verfassung, in der dem islamischen Rechtssystem, der Scharia, wesentlicher Raum zugestanden wird.

9. Mai 2004
Präsident Hamid Karzai lädt erstmals „moderate" Taliban ein, sich an Regierung und Verwaltung zu beteiligen. Die Taliban lehnen ab.

9. Oktober 2004
Präsidentschaftswahlen

18. September 2005
Parlamentswahlen

Oktober 2006
Die Nato schließt die Übernahme der Verantwortung für die Sicherheit in ganz Afghanistan ab.

März 2009
US-Präsident Barack Obama verkündet eine neues Konzept für Afghanistan (mehr einheimische Sicherheitskräfte, „Afghanisierung" des Konflikts) sowie weitere Truppenverstärkungen, um die Taliban unter Kontrolle zu bekommen.

20. August 2009
Präsidentschaftswahl, Hamid Karzai wird unter Betrugsverdacht wiedergewählt.

4. September 2009
Bei einem vom deutschen Oberst Georg Klein befohlenen Luftangriff in Kundus sterben etwa ein Dutzend Aufständische sowie circa 80 weitere Menschen.

Dezember 2010
Aufwuchs der amerikanischen Truppen auf rund 100.000 Mann

Dezember 2011
Abzug der ersten 10.000 amerikanischen Soldaten. Im Folgejahr werden 23.000 weitere Soldaten folgen.

Ende 2013
Abzug der Bundeswehr aus Kundus und Faizabad

2015/2016
Die Taliban erobern kurzzeitig Kundus.

22. April 2017
Taliban-Angriff auf das afghanische Militärlager in Mazār-i

Scharif mit mutmaßlich 140 Toten und 160 Verletzten

5. Mai 2017
Afghanische Sicherheitskräfte ziehen sich aus Qala-i-Zal westlich von Kundus zurück. In den Folgejahren werden sie weitere, zunächst nur ländliche Gebiete im gesamten Land aufgeben.

2018
Die USA intensivieren ihre Luftangriffe.

September 2019
Die US-Regierung unter Donald Trump bricht ihre Gespräche mit den Taliban ab, da diese sich nicht an die vereinbarte Waffenruhe halten.

29. Februar 2020
Der amerikanische Sondergesandte für die Aussöhnung in Afghanistan, Zalmay Khalilzad, und der Leiter des politischen Büros der Taliban in Doha, Mullah Abdul Ghani Baradar, unterzeichnen das Doha-Abkommen. Darin verpflichten sich USA und Nato, ihre Truppen bis Ende Mai 2021 - innerhalb von 14 Monaten - aus Afghanistan abzuziehen. Im Gegenzug garantieren die Taliban, innerhalb von zwei Wochen Friedensgespräche mit der Regierung in Kabul aufzunehmen und keine Terroristen mehr in Afghanistan zu dulden.

April 2020
Die afghanische Regierung und die Taliban vereinbaren einen Gefangenenaustausch. Mehrere hundert Taliban kommen frei.

April 2021
Der neue US-Präsident Joe Biden verkündet, die Truppen bis zum 11. September abzuziehen. Biden knüpft den Beschluss nicht an Bedingungen. Alle 30 Nato-Mitglieder folgen dieser Entscheidung.

29. Juni 2021
Die Bundeswehr verlässt ihren letzten verbliebenen Stützpunkt in Mazār-i Scharif.

2. Juli 2021
Die US-Streitkräfte übergeben den Stützpunkt Bagram, bis dahin ihr Hauptquartier und größte Militärbasis, an die afghanische Armee.

5. Juli 2021
Die Taliban kontrollieren gut die Hälfte aller Verwaltungsbezirke in Afghanistan, täglich kommen weitere hinzu, meist widerstandslos. Soldaten, Polizisten und lokale Milizen fliehen in die Nachbarländer oder legen die Waffen nieder.

6. August 2021
Mit Sarandsch fällt die erste Provinzhauptstadt kampflos an die Taliban. Am nächsten Tag erobern die Taliban Scheberghan, die Hochburg des usbekischen Kommandeurs Rashid Dostum. An den Folgetagen fallen weitere Provinzhauptstädte, darunter Kundus, Taloqan und Faizabad, in denen einst die Bundeswehr stationiert gewesen war.

14. August 2021
Mazãr-i Scharif fällt beinahe kampflos an die Taliban.

15. August 2021
Die Taliban erreichen die Randbezirke Kabuls. Die USA evakuieren ihre Botschaft. Präsident Ashraf Ghani flüchtet nach Dubai. Die Taliban besetzen kampflos den Präsidentenpalast und die Polizeistationen in der Hauptstadt.

16. August 2021
Die USA bringen 5.000 Soldaten an den Flughafen in Kabul, um ihr Botschaftspersonal und frühere afghanische Mitarbeiter aus dem Land zu schaffen. Auch die Bundesregierung schickt Transportflugzeuge und Soldaten, um deutsche Staatsbürger und ehemalige einheimische Helfer vor den Taliban zu retten. Im Laufe der Evakuierungsmission fliegen die westlichen Streitkräfte innerhalb von gut zwei Wochen mehr als 100.000 Afghanen, die sich vor den Taliban auf den Flugplatz geflüchtet hatten, aus.

31. August 2021
Die Evakuierungsoperation am Kabuler Flughafen endet. Die letzten westlichen Soldaten verlassen endgültig Afghanistan. Zurück bleiben tausende Kollaborateure, die es nicht in eines der Flugzeuge geschafft haben.

***Kundus,** deutscher Hubschrauber verschießt Täuschkörper zur Abwehr von Infrarotraketen*

DANKSAGUNG

Dieses Buch basiert auf mehr als 25 Reisen nach Afghanistan und auf unzähligen Gesprächen mit ungezählten Soldaten, deutschen und ausländischen Entwicklungshelfern, Afghaninnen und Afghanen. In erster Linie ihnen bin ich zu großem Dank verpflichtet. Ohne ihre Bereitschaft, mit mir zu reden, sie zu begleiten, in ihre Lebens- und Gedankenwelt einzutauchen, hätte ich die Geschichten in diesem Buch nicht schreiben können.

Besonderer Dank gilt zwei Afghanen, ohne deren Kontakte und Übersetzertätigkeit ich auf meinen Reisen verloren gewesen wäre. Sie leben inzwischen beide in Deutschland und halfen dabei, das weitere Schicksal meiner Protagonisten nach der erneuten Machtübernahme der Taliban im Sommer 2021 zu recherchieren. Aus Gründen des Persönlichkeitsschutzes kann ich ihre Namen hier mit K.D. und G.H. nur abkürzen.

Herzlichen Dank zudem an Kai-Axel Aanderud für sein sorgfältiges Lektorat. Es hat dem Buch sehr gut getan.

Schließlich haben mir drei Freunde maßgeblich bei der Arbeit geholfen, sie haben Hinweise und Rat gegeben. Deren Namen muss ich hier nicht nennen, sie wissen, wer gemeint ist. Sie sind tief in meinem Herzen.

***Kundus,** wild zerfressene Berghänge und messerscharfe Grate, wie die Oberfläche eines fremden Planeten, auf dem Weg von Mazār-i Scharif nach Kundus*